PEDRO CARRANO - TEXTOS E ORGANIZAÇÃO

TODO DESPEJO É UM CRIME

A CAMPANHA DESPEJO ZERO EM CURITIBA, DA PANDEMIA AOS DESAFIOS DE HOJE DA LUTA POR MORADIA E REGULARIZAÇÃO FUNDIÁRIA

KOTTER EDITORIAL

Diretor editorial: Sálvio Nienkötter
Coordenação editorial: Claudecir de Oliveira Rocha
Editor-executivo: João Lucas Dusi
Editor-assistente: Luiz Felipe Cunha
Capa: Giorgia Prates
Design editorial: Carlos Garcia Fernandes
Produção: Joehverson Guslem Jacob
Preparação de originais: O Autor
Revisão: Adriane Alves da Silva
Fotos no interior do livro: Pedro Carrano, Juliana Barbosa, Leonardo Costa, Giorgia Prates, Wellington Lenon, Joka Madruga, Bárbara Zen, Carlos Savzyn

Dados Internacionais de Catalogação na Publicação (CIP)
Angelica Ilacqua CRB-8/7057

C299t

Carrano, Pedro
Todo despejo é um crime : a campanha Despejo Zero em Curitiba, da pandemia aos desafios de hoje da luta por moradia e regularização fundiária / Pedro Carrano. — Curitiba : Kotter editorial, 2025.
272 p. : il.

Bibliografia
ISBN 978-65-5361-433-8

1. Jornalismo 2. Ação de despejo – Brasil 3. Ciências sociais I. Título

CDD 070.4

25-3004

KOTTER EDITORIAL

Kotter Editorial Ltda.
Rua das Cerejeiras, 194
CEP: 82700-510 - Curitiba - PR
Tel. + 55(41) 3585-5161
www.kotter.com.br | contato@kotter.com.br

Feito o depósito legal
1ª Edição
2025

PEDRO CARRANO - TEXTOS E ORGANIZAÇÃO

TODO DESPEJO É UM CRIME

A CAMPANHA DESPEJO ZERO EM CURITIBA, DA PANDEMIA AOS DESAFIOS DE HOJE DA LUTA POR MORADIA E REGULARIZAÇÃO FUNDIÁRIA

Quando um trator chega diante de
uma casa, é o trator que prevalece, mas
é o lar que permanece vivo nos corações
e sonhos das pessoas. As escavadeiras
produzem medo, mas não humanidade.
Vijay Prashad

Onde poderei sentir-me em casa?
Albert Camus

Sumário

Introdução

O que a classe trabalhadora nos indicou no último período

Pedro Carrano

A classe trabalhadora vive um período difícil no plano nacional, latino-americano e mundial. A transição para um mundo multipolar tem sido dolorosa e turbulenta. Assistimos ao imperialismo dos EUA, hegemônico desde os anos 1990, agora buscando manter seu terreno, ameaçado pelo bloco Rússia/China.

O longo período histórico sem revoluções (a mais recente remonta à década de 1980), quando as forças populares aspiram à tomada do poder do Estado, torna o atual período ainda mais incerto.

No Brasil, a derrota estratégica imposta pelos setores neoliberais que derrubaram o governo de Dilma Rousseff (PT), em 2016, colocou a classe trabalhadora brasileira num período defensivo contra os ataques dos governos Temer e Bolsonaro. A já frágil organização popular e sindical foi abalada pelas reformas da previdência, trabalhista e pelas terceirizações sem regulamentação.

O genocídio na Palestina, a luta de um povo pelo seu direito à terra, cometido pelo Estado sionista de Israel, os três anos de guerra entre Rússia e Ucrânia/OTAN fazem com que o atual momento, muitas vezes, beire a desesperança, a sensação de uma falta de caminhos para a classe trabalhadora.

No Brasil, a vitória eleitoral de Lula, em 2022, teve papel importante diante da onda de ataques contra os trabalhadores produzida nos governos anteriores. O governo Bolsonaro, caracterizado por sua política genocida em relação à pandemia, levou a classe trabalhadora a mais de 13 milhões de desempregados, dentre os quais cerca de 5 milhões de desalentados. Promoveu fechamento de postos de trabalho. E, ao final de 2022, o país contava 700 mil pessoas perdidas numa política sanitária negligente.

Mesmo em momento defensivo, é fato que a classe trabalhadora produz resistências, ainda que na atual conjuntura as lutas não tenham se generalizado. Nesse período, é fato que a campanha Despejo Zero foi e tem sido um catalisador de importantes lutas pela moradia e permanência no território — por parte de ocupações urbanas, acampamentos do MST, áreas quilombolas e indígenas no Brasil.

Também neste tema, o governo Bolsonaro não sinalizou nenhuma medida para preservar a situação de moradia das famílias. Várias áreas foram ameaçadas de reintegração de posse e coube ao poder Judiciário, na figura do Supremo Tribunal Federal (STF), editar a Arguição de Descumprimento de Preceito Fundamental (ADPF) 828, que recomendou aos tribunais em cada estado que não despejassem as famílias durante a pandemia e buscassem soluções de mediação por meio das Comissões de Soluções Fundiárias — uma experiência que, no Paraná, tornou-se exemplo para outros estados.

Porém, como Engels adverte nos artigos de Sobre a moradia, essa luta não tem fundação na luta jurídica. A falta de acesso da classe trabalhadora à moradia está ligada ao rebaixamento do preço da força de trabalho que, no Brasil, não alcança para a compra de um direito essencial como é a habitação. Neste sentido, foi a pressão social que garantiu que o STF prorrogasse, durante dois anos, a validade da ADPF, permitindo assim às comunidades em luta seguirem se organizando.

Em particular, a experiência de três anos da campanha Despejo Zero no Paraná é um momento marcante da luta popular recente. Na crise, a classe trabalhadora se colocou em movimento. A campanha agrega no Paraná 35 áreas de ocupação, representando cerca de 8.600 famílias. Só em Curitiba, mais de 10 ocupações aconteceram durante a pandemia — mostrando a movimentação e a necessidade dos desempregados, migrantes, trabalhadores da massa marginal, de famílias dependentes de programas sociais do governo.

Por conta dessa experiência, resolvi organizar uma seleção das minhas reportagens publicadas, a maioria no Brasil de Fato Paraná, onde era redator, e algumas recentes no Jornal Plural e Reverbero. São histórias das e dos trabalhadores que protagonizaram suas próprias lutas. São relatos que, ainda que tenham sido redigidos individualmente por mim, conformam um livro que é coletivo.

Os textos partem da minha participação na campanha Despejo Zero, na condição que tenho de militante do movimento popular. Percebi que tinha nas mãos um registro importante das resistências de cada área de ocupação, das rodadas de lutas no centro e nos bairros, dos desafios, das derrotas e limites, num episódio que, pode-se dizer, foi a principal mobilização da classe trabalhadora no Paraná — comparável apenas, em termos de massificação, com a greve dos professores estaduais e municipais, bem como dos metalúrgicos da Renault, mas que não tiveram condições de se manter ao longo do tempo.

Em um período em que é urgente a retomada de confiança entre a classe trabalhadora e as organizações populares, movimentos e partidos de esquerda, a experiência da campanha

Despejo Zero no Paraná mostra que a recuperação da confiança política entre segmentos da classe trabalhadora em áreas de ocupação ocorreu a partir de uma bandeira concreta, sensível para as pessoas, e com isso a esquerda pôde socializar todo o seu instrumental de interesse objetivo para a população: advocacia popular; organização das mesas e rodadas de luta; comunicação popular; projetos em parceria com universidades. Os atos e caminhadas da campanha Despejo Zero chegaram a aglutinar em torno de quatro mil moradores de comunidades urbanas.

Breve história no Paraná

A realidade é que, desde o final dos anos 1970, Curitiba é marcada pela luta por moradia, no marco da migração que acontecia do interior para a capital. Os anos 1980 e começo dos 1990, em especial, forjaram o surgimento de importantes movimentos de bairro, caso do Movimento de Associações de Bairro (MAB).

As lutas populares e a demanda por moradia ao longo desse período se depararam com o problema estrutural da ausência de políticas públicas, contra a especulação imobiliária e a destinação das piores regiões para moradia dos trabalhadores. Diante disso, mecanismos como o Estatuto das Cidades (2001) não foram aplicados.

Em Curitiba, a burguesia dos ramos imobiliário, transporte, construção civil, coleta de resíduos sólidos, entre outros, construiu um urbanismo segregador, racista e violento, o que influencia o imaginário de "capital europeia", entre outros rótulos difundidos pelo grupo que ainda se mantém na prefeitura desde os anos 1960 — até os dias de hoje.

Desde que o arquiteto Jorge Wilheim e o grupo de técnicos do Instituto de Pesquisa e Planejamento Urbano de Curitiba

(IPPUC) traçaram os eixos estruturais do transporte público e definiram a área a ser valorizada pelo capital, "do lado de fora" conformaram-se dezenas de áreas de ocupação, invisíveis para o curitibano de classe média e alta.

Em 2012, ocupações surgiram (caso da Nova Primavera, 29 de Março, Tiradentes e Dona Cida), a partir do Movimento Popular por Moradia (MPM), na Cidade Industrial de Curitiba (CIC), não sem conflitos, lutas, reivindicações, vitórias e derrotas da classe trabalhadora.

A crise econômica, política, ambiental e social do capitalismo neoliberal, que vivemos com força desde 2008, foi acentuada com a pandemia de Covid-19, o que gerou uma nova leva de ocupações urbanas em Curitiba e na RMC. Áreas como Nova Esperança (Campo Magro), Guaporé 2, Fortaleza, 29 de Janeiro, Britanite, Vila União, Independência Popular, Tiradentes II, Parque do Mate (Campo Largo), Retomada Indígena (Piraquara), 4 de Novembro, entre outras, abrigaram centenas de famílias que fugiam do alto custo de vida para aluguel, luz e água, sobretudo.

Novos movimentos populares foram criados nesse contexto, caso da União de Moradores (UMT, 2020), do coletivo Marmitas da Terra (2020) e da Frente de Organização dos Trabalhadores (FORT, 2023), além da maior presença do movimento indígena reivindicando áreas na região metropolitana.

No contexto da experiência da classe trabalhadora, disseminou-se, entre movimentos populares e áreas de ocupação, a compreensão de que a resistência contra os despejos e por moradia passa pelo fortalecimento da organização interna e da construção de experiências comunitárias. Com isso, cozinhas, hortas comunitárias, ateliês para geração de renda, associações e centros culturais foram construídos a partir da particularidade de cada território.

Durante a construção do livro, a realidade dinâmica exigiu atualizações da situação das áreas e, infelizmente, ocorreram despejos forçados. Assim mesmo, optamos por manter o relato devido à memória de algumas experiências de lutas, fazendo apenas algumas atualizações pontuais. A velocidade de mudança de áreas e situações mostra a insegurança em que vivem essas populações.

O processo de negociação, desde o final da pandemia, entre proprietários das áreas e movimentos, mediado pela Comissão de Soluções Fundiárias, não foi nem um pouco simples, e muitas vezes — como no caso da Tiradentes II e Britanite, para citar alguns exemplos — resultou no acordo do auxílio emergencial, pago de forma inconstante e com problemas. Ainda estamos longe da conquista da moradia, o que certamente não será expressão do Direito, mas da capacidade da classe trabalhadora de impor a sua pauta.

Por enquanto, deixo meu mais afetuoso abraço a todos os moradores e moradoras com quem tenho contato, para além da reportagem jornalística, mas um vínculo de vida que só me permite expressar o meu mais profundo respeito a essa luta.

Só posso agradecer pelo aprendizado com cada comunidade, que é cotidiano.

Referências bibliográficas

ENGELS, Friedrich. *Sobre a questão da moradia*. Tradução de Nélio Schneider. São Paulo: Boitempo Editorial, 2015.

FIX, Mariana; ARANTES, Pedro. *Como o governo Lula pretende resolver o problema da habitação* (1ª Parte). Passa Palavra, 2009. Disponível em: https://passapalavra.info/2009/11/17436/.

MARICATO, Ermínia. *Para entender a crise urbana*. São Paulo: Expressão Popular, 2015.

NEVES, Lafaiete. *Movimento popular e transporte coletivo em Curitiba* (1970–1990). Curitiba: Gráfica Popular, 2006.

NÚCLEO CURITIBA DO OBSERVATÓRIO DAS METRÓPOLES. *Subsídios a uma agenda pela reforma urbana e o direito à cidade/metrópole na Região Metropolitana de Curitiba.*

_____. *Um outro futuro é possível/Curitiba*. Rio de Janeiro: Letra Capital, 2024.

MARINI, Ruy Mauro. *Dialética da dependência*. Petrópolis: Editora Vozes, 2000.

1

Histórias das áreas que resistem

A. Ocupações em resistência

Ocupação Tiradentes II[1]: uma última fronteira entre a vida, o lixo e o lucro

Hoje, 64 famílias enfrentam ação de reintegração de posse movida pelo aterro sanitário da empresa Essencis

21 de março de 2023

Foto: Juliana Barbosa

[1] No dia 18 de abril, a comunidade Tiradentes II recebeu proposta de auxílio-moradia, em reunião com a Cohab, na qual a companhia mista garantiu às 67 famílias da ocupação o pagamento do benefício, em caso de despejo, até que sejam atendidas nos programas federais de moradia. Mesmo assim, meses depois foi realizado despejo das famílias antes que todas as condições do acordo estivessem cumpridas.

A comunidade Tiradentes II, que fica na rua Dandara dos Palmares, na Cidade Industrial de Curitiba (CIC), passou um final de semana de trabalho intenso.

A ocupação, liderada pelo casal Estefany e Gaúcho, reuniu os poucos materiais que sobravam, entre caibros, ripas, lâminas de telhas, e ergueu um barracão comunitário para receber o lançamento da Campanha Fica Tiradentes II! Contra o risco de despejo forçado.

Isso porque a situação dos moradores é cada vez mais delicada. No dia 20 de março, o juiz de direito substituto, Paulo Fabrício Camargo, expediu ofício solicitando o cumprimento da ação de reintegração de posse e pedindo reforço policial ao 23º Batalhão da Polícia Militar do Paraná.

No entanto, no final de semana, domingo de sol, a comunidade abriu as portas, de forma amiga, para apoiadores, parlamentares de esquerda, movimentos de moradia e integrantes da campanha Despejo Zero.

A Tiradentes II, localizada abaixo da passagem de um córrego, entre árvores e casas de madeirite, apresentava as bandeiras do Movimento Popular por Moradia (MPM), com o qual se organiza. Um momento artístico e apresentações locais também fizeram parte do roteiro daquele dia.

Nem sempre o inimigo que ameaça uma área de ocupação é visível.

Mas no horizonte, a olho nu, dava para ver o primeiro morro do que pode ser considerado o adversário dos moradores das ocupações da região: o aterro sanitário da empresa Essencis Soluções Ambientais SA, um dos 39 aterros do grupo Solví, presente em 15 estados e 250 cidades do país, que realiza lucro a partir de serviços de engenharia, saneamento e coleta de resíduos sólidos.

Entidades sociais e ambientais questionam a própria razão de ser do aterro da Essencis, instalado na Cidade Industrial desde 1997, recebendo lixo industrial e hospitalar, perigosamente perto de áreas de manancial, da represa do Passaúna, da Casa de Custódia de Araucária, entre outros pontos. Documentos antigos, do chamado Dossiê Stirps, questionam ainda o licenciamento ambiental das ações da empresa.

Mobilização e urgência

Ainda em 2015, a ocupação Tiradentes 1, composta por centenas de famílias, encarou a ação de reintegração de posse da sociedade empresarial Stirps Empreendimentos e Participações Ltda, uma massa falida que havia sublocado o terreno para a Essencis. No primeiro momento, na sua política de expansão, a ação empresarial buscou remover os moradores da Tiradentes 1. Mas não teve êxito.

Agora, numa espécie de revanche, as 64 famílias da área de ocupação enfrentam ação de reintegração de posse movida pela Essencis, em área reivindicada diretamente pela empresa.

Os dias passam voando e trazem preocupação. A situação urgente fez com que, em reunião da Campanha Despejo Zero no Paraná, a situação das famílias da Tiradentes II fosse colocada como foco das ações de apoio do mês de abril, logo depois do ato bem sucedido do dia 7 de março, que levou às ruas 1500 mulheres do campo e da cidade.

Diante do risco, existe a compreensão de que uma comunidade deve ser auxiliada por todas as outras. Ao todo, são onze ocupações recentes, em Curitiba e região, organizadas no período de pandemia e ainda sob riscos e incertezas.

De alguma forma, cada ocupante de Curitiba sentiu em todos os seus ossos a dor do despejo completamente irregular da ocupação Povo Sem Medo, ocorrido sem negociação e garantias por parte do poder público, no dia 10 de janeiro de 2023.

Crianças, mães, antigos moradores em situação de rua colocaram-se em estado de alerta e passaram a pedir o apoio da sociedade para a causa. Uma luta de Davi contra Golias.

— "Já estamos morando com toda a dificuldade e o poder público não olha isso. Está na hora de colocar em prática o 'mexeu com um mexeu com todos'", afirma Gaúcho.

Luta de gigantes

A receita operacional líquida da empresa atingiu R$ 2,4 bilhões em 2022, de acordo com notícia do Valor Econômico, gerando uma contradição séria entre o direito de acumulação do capital ou o das famílias. Um dos dirigentes do MPM chega a comparar que há mais reciclagem de lixo nas comunidades do que no interior do aterro sanitário, que não cumpriria função social e ambiental.

Foto: Juliana Barbosa

Mesmo em meio ao clima de fraternidade, em pleno coração do domingo, com atividades culturais e oferecimento das guloseimas, feitas no forno comunitário recém-criado, de barro, os visitantes puderam conhecer pessoas e algumas das histórias enfrentadas por elas.

Com isso, foi possível constatar que a fiação de luz é insuficiente para todos os momentos, e há necessidade de avanço em fossas sanitárias. O poder público, no entanto, em vez de arregaçar as mangas e se debruçar sobre os problemas cotidianos, parece apenas querer removê-los.

Recentemente, Gaúcho nos mostra, a comunidade intensificou os trabalhos com a horta comunitária e a limpeza no terreno dos fundos para um espaço destinado às crianças – bem na divisa entre o aterro sanitário e o direito de morar.

No meio de tantos desafios e incertezas, além da necessidade de lutar, é Gaúcho quem mostra o clima fraterno entre as pessoas no local:

— "Está vendo, homem, aqui as portas das casas ficam abertas".

Carlão

Carlos Eduardo, ou Carlão, aproxima-se para contar com orgulho a sua história. O que passa por conduzir a reportagem até a parte de trás da comunidade. Ali ele mostra, confiante, a casa que ergueu em menos de um dia e que o permitiu deixar as ruas onde dormia há oito meses.

Desde que se separou da companheira e se distanciou dos três filhos pequenos, o antigo morador em situação de rua afirma que havia "perdido o chão", talvez reencontrado agora com a nova oportunidade.

Carlos Eduardo narra que já arrumou novo emprego na construção civil. Antes das ruas, era açougueiro, mas havia perdido toda a documentação para comprovar o vínculo de trabalho anterior. "Aqui estou reconstruindo minha vida", conta, sorriso no rosto, certeza de quem já caminhou pelas ruas de Santos, São Paulo, Santa Catarina e Curitiba.

Maria

Maria Gonçalves Soares estava radiante no dia do lançamento da campanha. Quem a conhece sabe que essa trabalhadora, cabeleireira e diarista, já se lançou em outras tentativas de participar de uma ocupação, desde 2021. Vive na ocupação Tiradentes II, onde finalmente pôde se assentar, com filho e filha.

Maria conta que, ali, aprendeu a entender a dinâmica de um movimento popular. "Bati à porta de várias áreas, para agora poder ficar, finalmente", relata.

Parlamentares se posicionam ao lado de moradores

Presentes no evento de lançamento da Campanha Tiradentes II Fica!, as vereadoras Giorgia Prates e Professora Josete (PT), juntamente com o vereador Ângelo Vanhoni (PT), expressaram apoio militante à causa dos moradores.

A vereadora Giorgia Prates, que já acompanhava a região na condição de fotógrafa, muitas vezes vivenciando situações absurdas, caso do incêndio criminoso do dia 7 de dezembro na ocupação 29 de março, afirmou:

"De tanto ir para as ocupações e desocupações, isso virou mais dor do que qualquer outra coisa. E antes ninguém apoiava as ocupações, mas as pessoas continuam ali, continuam na luta, ainda que os terrenos não estejam regularizados. Hoje espero fazer mais pelo movimento de moradia", afirma.

Também estiveram presentes a deputada estadual Ana Júlia Ribeiro e o deputado federal Tadeu Veneri (ambos PT), quem comparou a luta entre comunidade versus Essencis com a forma habitual de as empresas operarem no Paraná em relação à propriedade da terra:

"A Essencis começou com uma localização, foi ampliando, foi fazendo com que perdêssemos áreas de mananciais, e faz o mesmo que várias empresas no Paraná: se dizer dono de áreas em litígio e ganhar mais dinheiro. Antes do lucro tem a vida, a vida das pessoas aqui que não podem correr risco", critica.

Já Ana Julia ressaltou o vínculo do mandato a serviço dos movimentos populares: "Ele só existe para fortalecer as lutas dos movimentos", afirmou.

A proposta da campanha Despejo Zero é dialogar, ao longo de março, com o aniversário de Curitiba de 330 anos, mostrando as situações que nunca constaram em cartão-postal ou nas pesquisas no Google. Enquanto pauta, o movimento aposta que há condições para o debate com a opinião pública da necessidade de remoção do lixão.

"Há muitas irregularidades da parte da Essencis, eles falam de irregularidades da comunidade, mas eles não estão enquadrados na lei. A opinião pública não pode ficar a favor da expansão do aterro dentro da cidade, o aterro deve ser selado", ressalta Paulo Bearzoti Filho, da coordenação do MPM.

Privatização de serviços de saneamento e resíduos sólidos

O Grupo Solví controla empresas que atuam nos segmentos de resíduos sólidos, saneamento e engenharia. Este é o principal grupo controlador da empresa Essencis, atuando também em 39 aterros sanitários, e outras chamadas "Unidades de Valorização Sustentável", no Brasil, Bolívia, Peru e Argentina.

É fato que o ramo da água, saneamento e resíduos sólidos - cuja gestão deveria ser pública, planejada, e não voltada apenas ao lucro -, é foco da expansão do capital em estados como Paraná, São Paulo e Minas Gerais.

O segundo maior aterro privado de Curitiba e Região Metropolitana apresenta como principais problemas o fato de que, desde 1997, recebe os chamados resíduos industriais tóxicos perigosos e não perigosos.

Como consequência do acúmulo de lixo, está o despejo na forma de chorume (líquido proveniente do lixo) em três corpos de rio, com respectivas nascentes.

O aterro da empresa Essencis localiza-se a pouco mais de um quilômetro da represa do Passaúna, que abastece milhares de moradores de Curitiba. O local onde fica a Essencis e sua cobertura vegetal pode ser caracterizada como local de nascentes e biomas de Mata Atlântica.

Em 2009, há o precedente de transferência de aterro sanitário. A mobilização de moradores do bairro Caximba resultou no fechamento do aterro e transferência para Fazenda Rio Grande. A diferença para o caso atual é que, na Caximba, o apelo era de moradores de classe média e casas consolidadas, enquanto agora os moradores de área de ocupação lutam contra a invisibilidade, detrás de casas de madeiras.

Audiência Pública questiona aterro sanitário da Essencis e defende direito de área Tiradentes 2

Ocupação sofre com falta de políticas públicas, acesso à cidade e exclusão encoberta com discurso ambiental

16 de maio de 2023

Audiência Pública feita hoje (16) na Assembleia Legislativa do Paraná, proposta pelo mandato do deputado estadual Renato Freitas (PT), reuniu moradores, parlamentares e especialistas em urbanismo para debater o impacto do aterro sanitário na Cidade Industrial de Curitiba (CIC) e, ao mesmo tempo, afirmar o direito da ocupação Tiradentes II e comunidades próximas viverem, com qualidade, na região.

Nas semanas recentes, as 64 famílias da Tiradentes II, organizadas pelo Movimento Popular por Moradia (MPM), convivem com o risco de execução da ação de reintegração de posse. O momento é de tentativa de negociações com a empresa, medidas pela Comissão de Soluções Fundiárias do Tribunal de Justiça do Paraná.

Entidades sociais e ambientais questionam a permanência por tempo indefinido do aterro da Essencis. Um dos tons da audiência pública foi justamente localizar que o aterro se situa vizinho a várias comunidades, no bairro São Miguel, na

CIC, algumas delas recentes e outras de décadas, caso das vilas Tiradentes, Dona Cida, 29 de Março, Nova Primavera, Corbélia, Primeiro de Maio, Moradias Camargo, Sabará, vila Nova Conquista e Esperança.

"Hoje, passados 26 anos, é evidente a qualquer pessoa que não seja completamente cínica que o aterro sanitário da Essencis exerce um profundo impacto socioambiental negativo na vizinhança em que está instalado, na CIC inteira e em Curitiba como um todo", afirma documento do Movimento Popular por Moradia (MPM).

Também esteve presente o deputado Professor Lemos (PT), quem ao final, entre os encaminhamentos, apontou a necessidade de intervenção junto ao governo Ratinho Jr pela manutenção das famílias no local e negociação com a empresa. Uma das propostas é que haja negociação da Essencis/Solví com o movimento.

Um debate atual: ambientalismo não pode ser pretexto para exclusão

Entre as falas de abertura da audiência, a professora adjunta e pesquisadora do Departamento de Arquitetura e Urbanismo da Universidade Federal do Paraná (UFPR), doutora Maria Carolina Maziviero, aborda como o tema ambiental tem sido usado de forma higienista, o que limita ainda mais o direito à cidade, gerando divisões "Entre os que tentam proteger a natureza e os que lutam por demandas sociais no território".

Aline Bilek, do Centro de Apoio Operacional das Promotorias (CAOP) da criança, do adolescente e da educação, proteção ao meio ambiente e de habitação e urbanismo, ligado ao Ministério Público, posicionou-se ao lado do direito das famílias e contra despejos forçados.

"O trabalho do MP é garantir que os direitos dos ocupantes e da comunidade sejam preservados, junto com a Comissão de

Conflitos Fundiários Urbanos, para lutar junto com vocês. Mas ainda me causa espécie darem um prazo para vocês desocuparem voluntariamente. Atinge a alma da gente", lamenta.

Aterro que se expande

Mariana Auler, advogada do Instituto Democracia Popular (IDP), reforça que a Cidade Industrial de Curitiba (CIC) deve ser vista como área de moradia popular, com moradias instaladas na região desde os anos 80, em vista da chamada ocupação do Sabará. Há equipamentos públicos na região. Não apenas destinação para a indústria.

E, além disso, a especialista chama a atenção de como o aterro da Essencis expandiu a partir da sua área original. "Vários estudos ambientais precisam ser feitos para o aterro não incomodar a vida das pessoas. Principalmente, o Estudo de Impacto Ambiental (EIA-Rima). O que acontece? O EIA-Rima de 1997, para a área do imóvel da massa falida da Stirps, foi feito sem os estudos necessários. Desde 2014, há uma ação civil pública correndo questionando isso. Aterraram três corpos hídricos e três nascentes. Todo aterro tem que ter um prazo de periodicidade. Estamos numa janela de oportunidade para pensar a situação da Essencis", aponta Auler.

Parlamentares posicionam-se em defesa das famílias

Estiveram presentes na audiência, ao lado do presidente da Comissão da Igualdade Racial, deputado Renato Freitas (PT), o presidente da Comissão de Direitos Humanos e da Cidadania, deputado Professor Lemos (PT), a presidente da Comissão de Defesa dos Direitos da Juventude, deputada Ana Julia (PT), os deputados Dr. Antenor (PT) e Goura (PDT).

Freitas reforçou que, sem o direito à moradia, todos os outros direitos dos trabalhadores estão comprometidos. "Nossa tarefa é muito grande em um país como o nosso, o problema da moradia é tão fundamental que, sem ele, você não atende todos os outros serviços públicos", apontou. O próprio Freitas que, filho de paraibana imigrante, ao lado de dois irmãos, passou a infância em áreas de ocupação. "Temos obrigação de enfrentar aqueles que ousam mexer nas famílias. Temos que resistir", afirmou, convocando à resistência.

Ocupação Independência: a negociação e o método dos tratores

"Dormimos e acordamos com medo", afirma Bia, liderança de São José dos Pinhais

4 de abril de 2023

Foto: Pedro Carrano

Os moradores da ocupação Independência são coletores de material reciclável, os chamados carrinheiros, imigrantes, venezuelanas, haitianos, vivendo há anos ao longo da faixa do canal extravasor do rio Iguaçu, que margeia uma área de ocupação densa e com centenas de moradores.

Muitos habitam ali há dois, cinco e até vinte e cinco anos. Só que, recentemente, encontraram os dentes do trator e os rifles da guarda municipal de São José dos Pinhais (PR).

Trabalhadora e migrante venezuelana, Cintia tem duas filhas. Uma nascida no país de origem. A outra em solo brasileiro. Foi a primeira a receber a reportagem, logo na entrada da estrada de pó e terrão da Independência. Preocupada, apresentou vizinhos haitianos, protestou, acusou a violência dos órgãos públicos. Moveu-se. Voltou. Gravou lives. Não descansou.

Em todas as entrevistas que concede para a imprensa, Cintia faz questão de lançar uma mensagem de pedido de ajuda, endereçada ao presidente Lula: "Estou há cinco anos na ocupação, quero mandar uma mensagem para Lula, nós não votamos por que não pudemos, mas acho que cem por cento dos moradores votou no presidente. Corro o risco com duas filhas, estou preocupada pelas pessoas brasileiras, não só por nós, estou pedindo ajuda", afirmou.

Pelos relatos, ninguém da Independência esperava. A comunidade foi pega de surpresa. Há dias, casas têm sido notificadas com cartazes nos quais se pode ler: Proibido a Entrada, junto com a citação de decreto municipal 4022, de 2020. O texto do decreto propunha, no auge da pandemia, conter ocupações e construções nas áreas de ocupação.

O decreto dá a base para as ações da atual prefeita, Nina Singer (Cidadania). Fontes locais ouvidas pela reportagem apontam que a justificativa oficial é a de tirar apenas construções sem moradores dentro. Os moradores, ao contrário, afirmam que trabalhadores viviam nas casas derrubadas. A velha contradição. Entre a necessidade viva e a norma vazia. Uma das casas notificadas foi verificada pela reportagem e, de fato, havia movimentação cotidiana no local.

No dia seguinte à notificação reside o grande medo dos moradores. "Estão interditando casas, que estavam construídas e tinham moradores dentro, falaram que a comunidade aumentou muito. Dormimos e acordamos com medo", afirma Bia, uma das lideranças locais, trabalhadora de materiais recicláveis.

O alvoroço na comunidade é evidente. A preocupação está escancarada em cada olhar. Na chegada da reportagem, todos estavam concentrados diante de um dos estabelecimentos de comércio local. Uma olhada no Google Maps mostra uma região adensada de moradias, o que torna a razão do despejo individual de difícil entendimento.

Nos relatos, como infelizmente é comum, a execução do despejo é sempre marcada por ofensas. Ameaças. Hostilidades. Violência latente: "Vocês moram aonde? Quer ser notificada também?", uma das moradoras conta que escutou essa frase.

Passada a pandemia

Passada a pandemia, que levou milhares de pessoas, no Paraná e no Brasil, para áreas de ocupação, e com a suspensão da proibição de despejos forçados, vigente entre 2021 e 2022, agora órgãos municipais têm enfrentado a situação de crise social sem a mediação que foi a marca do período anterior.

"Os responsáveis por política urbana têm um trato muito ruim, sobretudo no Paraná, um estado conservador. A possibilidade de uma colaboração de um ente nacional faria muita diferença, assim como a Comissão de Soluções Fundiárias, do Tribunal de Justiça do Paraná, tem ajudado. Mas uma intervenção federal seria muito importante", aponta a advogada Valeria Fiori, do Instituto Democracia Popular (IDP), entidade que integra a campanha Despejo Zero.

Outro lado

A reportagem segue no aguardo de resposta da Secretaria de Habitação municipal de São José dos Pinhais.

Para Roberto Baggio, do MST, é hora de políticas públicas fundiárias

Desde a mais recente jornada de lutas dos movimentos populares, encampadas pelas mulheres na data do 7 e 8 de março, pressão, ameaças e despejos forçados têm sido vistos em Curitiba e Região Metropolitana.

É o que ocorre na área do Movimento Popular por Moradia (MPM), Tiradentes II, no Jardim Graciosa, em São José dos Pinhais, e há relatos de que, também, acontece em Colombo (PR).

Em busca de fortalecimento de canais nacionais para resolução de conflitos fundiários urbanos, uma comitiva da campanha Despejo Zero (PR) viaja a Brasília para reunião com o Ministro das Cidades, Jader Filho (MDB). Uma das pautas é a criação de Ouvidoria Nacional de Conflitos Fundiários, a exemplo do que já ocorre no campo.

"As articulações do Despejo Zero, do Paraná e Brasil, estarão em audiência com o objetivo de propor uma ouvidoria para com isso assegurar espaços de mediação e regularização das áreas. Com a volta de Lula ao governo federal, o Estado tem todas as condições de estruturar políticas públicas de enfrentar essa grande demanda em todo o país, não precisando mais de agentes do Estado destruindo casas", afirma Roberto Baggio, da coordenação estadual do MST e da campanha Despejo Zero.

Na avaliação de Fiori, longe de uma visão tecnicista do Direito e da Constituição, o centro do problema é o olhar sobre os direitos sociais dos trabalhadores que recorreram a viver em áreas de ocupação. "Nossa argumentação é do ponto de vista social, temos que interferir. Com o governo federal do nosso campo, espera-se uma instância nacional que contribua com essa situação", finaliza a advogada popular.

Residencial Graciosa (Pinhais): Do sonho ao informe do despejo

21 de julho de 2023

Localizado em Pinhais, região metropolitana de Curitiba, o conjunto residencial Graciosa vive à sombra de condomínios de luxo, e convive com o risco de demolição das casas, em meio ao sonho de viver num lugar fortemente marcado pela natureza.

Cerca de 75 lotes têm risco de despejo forçado e lutam por regularização fundiária, em um projeto de loteamento dos anos 1960, fracionado em mais de 600 lotes.

Além de residir ali, o casal Nei Francisco Soares e Ivete Wachtel Soares adotam práticas sustentáveis e agroecológicas de vida. "Chegamos há seis anos e havia apenas capim. E a gente foi fazendo fitoterapia, com flores que são remédios", explica Ivete, convocando um verdadeiro tour ao redor da sua propriedade.

Ela mostra seus cultivos e vê potencial na região para ampliar ainda mais a troca de produção entre moradores. Defende uma vida comunitária. As produções de farmácia viva e plantas medicinais podem ser trocadas com o vizinho que produz queijo, como aconteceu no dia da visita da reportagem.

Em que pese, desde os anos 2000, os moradores sofrerem pressão para deixar a área, sob o argumento de preservar a bacia do Alto Iguaçu e afluentes menores, o residencial Graciosa não está localizado na Área de Preservação Ambiental (APA) do Iraí.

Foto: Pedro Carrano

Na realidade, os lotes ficam no zoneamento da Unidade Territorial de Planejamento de Pinhais (UTP) de Pinhais. Com isso, moradores e urbanistas defendem que o residencial não representa necessariamente risco para o meio ambiente. Aponta-se, quem sabe, que ali está a solução.

Os moradores acusam seletividade na denúncia de dano ambiental, na medida em que ao lado do conjunto residencial está o Alphaville Graciosa Residencial, condomínio fechado de alto padrão. "Queremos apenas os lotes para morar. Somos posseiros. Temos posse mansa e pacífica. Não podemos viver sendo perseguidos pelo Estado dessa maneira", critica Raquel Olímpio de Faria, liderança da associação dos Moradores do Condomínio de Proteção Ambiental Comunidade Ecológica Chácaras Graciosa, existente desde julho de 2003 e militante do Movimento de Trabalhadoras e Trabalhadores por Direitos (MTD).

Prática de demolição

Bárbara Esteche, advogada no escritório Bruno Meirinho Advocacia[2], que atua na defesa dos moradores, aponta que, na prática, o que tem sido aplicado é uma lógica da derrubada das casas, como ocorreu na data do dia 3 de abril de 2023, quando uma casa foi demolida.

A avaliação de Esteche alerta para um procedimento perigoso por parte do poder público, que é tratar um conflito coletivo como se fosse individual. "A natureza do conflito é coletiva. É fato que há questões específicas e cuidados, mas pessoas moram, tem que olhar as questões específicas, senão ninguém moraria no Brasil. Aqui não se trata de caso de degradação ambiental", critica

A jurista aponta que ocupantes respeitam a legislação atual quanto à densidade. "A narrativa da prefeitura sempre é de que as pessoas têm que sair, no entanto não é uma APA, mas uma UTP, as pessoas vivem de acordo com densidade que é imposta por lei", defende Esteche.

---

[2] Atuação na época da reportagem.

Condomínios de luxo: seletividade

Nos anos 1990, teve início um processo de incentivo a empreendimentos imobiliários na região, especificamente condomínios residenciais horizontais de alto padrão, como aponta Trabalho de Conclusão de Curso (TCC) da advogada Maria Vitória Ferreira, datado de 2011.

O Alphaville, condomínio de luxo vizinho ao Jardim Graciosa, está presente no município de Pinhais desde 2000. "Até a instalação do condomínio não havia infraestrutura urbana no local. Subitamente, vias foram asfaltadas e alargadas", descreve.

Nesse contexto, a defesa das famílias pede a constituição de uma comissão destinada a desenvolver o projeto de reordenamento do loteamento da área, com a colaboração técnica dos órgãos estaduais e municipais no desenvolvimento dos estudos técnicos para a proposta e levando em conta a realidade existente na região.

Visão da prefeitura de Pinhais

Galdino argumenta que se trata de uma situação de conflito de vários interesses mas os órgãos públicos levam em consideração sobretudo o histórico de preservação ambiental. Segundo ele, haveria 20 ou 30 nascentes no local onde está o residencial Graciosa. De acordo com o procurador, a definição sobre a situação das famílias depende de posicionamento do governo estadual e do Instituto Água e Terra.

"Existe um conjunto de pessoas que são proprietários. Por que a Sanepar comprou esses lotes (nos anos 1960)? Por uma razão simples. Com o objetivo de preservação, em uma região onde é proibido implantar o Graciosa", afirma.

No entanto, Galdino admite que, da parte da prefeitura de Pinhais, se houvesse disposição do governo do Paraná, a prefeitura permitiria a permanência das famílias, condição submetida ao mapeamento dos que habitam os lotes.

"O município não gostaria de retirar os moradores. Mas temos atribuições legais e constitucionais. É uma área de interesse da região metropolitana de Curitiba. Área de manancial e sensível, com biomas da Mata Atlântica", coloca.

Britanite: uma ocupação grávida de futuro

1º de junho de 2023

Foto: Pedro Carrano

A ocupação Britanite, localizada no bairro Tatuquara, em Curitiba, equilibra-se entre o desejo de ficar na área ocupada, superar a violência policial, e fortalecer o que é o seu principal traço: a participação comunitária.

Lideranças da comunidade participaram, no dia 30 de maio, de sessão da comissão de Direitos Humanos da Câmara Municipal, presidida pela vereadora Giorgia Prates (Mandata Preta – PT). Os cinco integrantes da comissão puderam fazer perguntas e questionamentos sobre a situação da comunidade.

A área existe desde dezembro de 2020, passou por diversas coordenações, e hoje envolve 407 famílias. Sua composição vai de Geraldina, venezuelana de participação constante, opiniões e voz forte, uma entre os cerca de 40 migrantes que moram na área, ou mesmo Di, moradora que, com o filho José sempre a tiracolo, participa das atividades sociais, e ainda articula seu papel de "influencer da quebrada", contando o cotidiano da comunidade em redes sociais, caso do Kawai e Tik Tok.

Ao lado de migrantes e trabalhadores, em um ambiente de cerca de 200 crianças, a Britanite reforça a imagem de uma encruzilhada. De um jogo de destino entre perder tudo ou ganhar o indispensável. A Britanite recebe mulheres solteiras, muitas das quais vítimas de violência doméstica e machista. Outras 30 mulheres carregam no ventre a promessa de vida. São futuras mães na comunidade.

Uma das principais atividades é a celebração ecumênica de sábado à noite conduzida pelo padre Joaquim Parron, da congregação Redentorista. Desde a pandemia, ele abastece cozinhas comunitárias e faz doações em áreas de ocupação. Mais que isso, incentiva o senso de coletividade. "Parece-me que a Britanite é uma das mais fortes no apelo comunitário e união em projetos de cooperação", diz o religioso.

A cozinha comunitária oferece café da manhã para as crianças da comunidade. Muitas já estão instaladas nas escolas do Tatuquara, embora o acesso completo nas redes municipal e estadual ainda é um desafio. E o almoço é oferecido de segunda a sexta. "Não só para essas famílias, mas às vezes passa um carrinheiro com fome, não tem comida em casa, alimentamos esse povo também", afirma Rosângela Reis, liderança local.

Britanite quer paz

Em que pese o enraizamento e vida cotidiana, os trabalhadores afirmam sofrer pressão constante da Polícia Militar, que pratica violência, abordagens irregulares e até invasão dentro de casas, sem mandado judicial.

Em maio, os integrantes da ocupação lançaram a campanha afirmando o seu caráter de comunidade, chamada "Britanite quer paz, quer futuro, quer ficar". Várias iniciativas de apoio têm surgido, caso do Primeiro de Maio das Pastorais Sociais, campanhas de drenagem dos alagamentos, puxadas pelo "Movimento Urgente Contra Enchente", coordenado pelo empreendedor João Paulo Mehl, ao lado de cursos de formação por parte de movimentos de moradia.

Britanite quer um futuro e quer ficar[3]

Integrantes da campanha Despejo Zero, vivem a incerteza, junto a áreas recentes, caso da Tiradentes II, Nova Guaporé 2, vila União, Independência Popular, de risco de despejo forçado.

"Nossa comunidade é feita de mães solteiras, com suas crianças, com dificuldade de entrar no mercado de trabalho. Queremos negociar o terreno e queremos uma alternativa", afirmou.

[3] Infelizmente, no dia 20 de fevereiro de 2025, foi finalizado o processo de saída das famílias da área. A empresa CR Almeida, dona do terreno, não deu sequência à negociação com as famílias. A prefeitura de Curitiba não realizou mediação consistente, oferecendo apenas o auxílio emergencial para a maioria dos moradores. De acordo com a prefeitura, no dia da reintegração de posse, apenas 28 famílias não haviam acessado o auxílio por problemas burocráticos. Uma pena ver a dissolução de uma comunidade tão forte.

Encaminhamentos da Comissão de Direitos Humanos

Como encaminhamento, vereadores apontaram a necessidade de mediação com o comando do décimo terceiro Batalhão da Polícia Militar, enviando ofício para a corporação.

"Eu, como fotojornalista, presenciei diversas situações de violência na comunidade. Mas essa violência que eles relatam não permite a gente culpabilizar a comunidade e o bairro como violento. Violência que muitas vezes vem de fora. Não é normal as pessoas terem a casa invadida pela polícia", afirma Giorgia Prates.

Ocupações do Tatuquara: por moradia e contra despejos

Britanite, Vila União, Ilha, Pontarola e outras áreas fazem caminhada no bairro no dia 15 de agosto, durante surgimento da Frente de Organização dos Trabalhadores (FORT)

10 de agosto de 2023

Foto: Leonardo Costa

As áreas de ocupação do bairro Tatuquara, em Curitiba, organizam caminhada por moradia e contra despejos forçados, no dia 15 de agosto, a partir das 9 horas, na direção da regional do Tatuquara, em convocatória da Frente de Organização dos Trabalhadores (FORT).

O objetivo é entregar a pauta para órgãos públicos, na presença de mandatos parlamentares, organizações populares e com apoio da campanha Despejo Zero.

É forçoso dizer: as mais de 1000 famílias que habitam as áreas Britanite, Vila União, Ilha e Pontarola, marcham para sair da contramão. Sim, afinal, em período favorável para políticas habitacionais no Brasil, essas ocupações têm encontrado dificuldades junto aos proprietários particulares das áreas e devido à omissão do poder público para intervir nos conflitos fundiários.

O padre redentorista Joaquim Parron, que atua na região e tem grande apoio das comunidades, explica o motivo da manifestação: "A finalidade é conseguir o apoio da sociedade e que as autoridades possam se abrir para o diálogo, porque não podemos colocar mais de 1000 famílias na rua. Então, é um tema urgente", conclama.

Riscos

Em comum entre as áreas, as famílias dependem dos locais de moradia, constroem uma vida comunitária, estão enraizadas, recebem apoio de várias entidades da sociedade civil, fato reconhecido inclusive pela Comissão de Soluções Fundiárias do Tribunal de Justiça do Paraná. Estão enraizadas e não desejam sair, inclusive porque o poder público não apresenta um plano de realocação consistente para elas.

Em Curitiba e região metropolitana, outras áreas, caso da Tiradentes II, Independência Popular, Guaporé 2, vila Domitila, Jardim Graciosa, Independência (São José), também sofrem risco de despejos, situação que a marcha popular pretende expor.

A professora Márcia Regina da Silva, da coordenação da Vila União, afirma que é preciso se preocupar com a situação das crianças das comunidades. "O poder público tem que nos dar uma resposta, porque não podemos colocar famílias com criança na rua, nem em casa de parente, que é um cubículo. Como despejar uma família já consolidada?", reflete.

Função social da terra ou o abandono

A Britanite é constituída por 407 famílias, em ocupação iniciada em dezembro de 2020, no período de grave crise social da pandemia da covid-19. A área pertence à Tatuquara S.A. - ligada ao grupo empresarial CR Almeida –, e há disposição de moradores para negociação de valores com empresa.

Já a Vila União abrange 300 famílias, desde maio de 2021, em terreno da empresa MDR S.A. Administração e Participação, que tem como um dos seus objetos a atividade imobiliária.

No caso da Vila União, explica a advogada Bárbara Esteche, no início da ocupação, em maio de 2021, o imóvel encontrava-se abandonado e com dívidas fiscais. A empresa ingressou com ação de reintegração de posse contra os ocupantes, para retirada forçada deles da área.

"A decisão judicial de reintegração de posse foi cassada no Tribunal de Justiça e o processo entrou em fase de conciliação intermediada pelo Cejusc Fundiário. Porém, em audiência conciliatória, o representante da MDR opôs-se à busca de solução mediada", explica Esteche. "Com isso, o processo será encaminhado para decisão judicial, que decidirá sobre a vida de todas as famílias que lá estabeleceram moradia", afirma.

Já a comunidade Ilha, instalada há mais de dez anos no Tatuquara, tem 165 famílias e neste momento quer informações sobre como será o processo de realocação, previsto pelo Ministério Público num prazo de dois anos. A população quer garantia e formalização por parte do município. Por sua vez, a ocupação

Pontarolla tem a demanda por melhor estrutura de asfalto, melhoria nas casas e regularização fundiária.

Povo Unido, Povo Forte

Desde a última sentença judicial no caso da Britanite, determinando reintegração de posse, comunidades e organizações como a Frente de Organização dos Trabalhadores (FORT), têm levado a causa das ocupações do Tatuquara para órgãos públicos, do legislativo ao judiciário.

Uma comitiva de moradores e direções populares visitaram a Superintendência-Geral de Diálogo e Interação Social (SUDIS), além de diversas reuniões com a Promotoria de Justiça das Comunidades, na figura de Régis Rogério Vicente Sartori, com o Centro de Apoio Operacional das Promotorias de Justiça de Proteção aos Direitos Humanos, na figura de Olympio Sotto Maior Neto, bem como a pauta das áreas foi entregue para Santin Roveda, Secretário de Estado do governo do Paraná, e ao vice-governador, Darci Piana.

De acordo com uma das lideranças locais, o lema "Povo Unido, Povo Forte", fala de uma construção voltada à mobilização, ao fortalecimento da organização, da comunicação e da luta popular.

"Povo forte é um povo que vai à luta de verdade buscar seus objetivos. Não é porque a gente mora em ocupação que a gente é fraco. O FORT é fortaleza. Então, com tudo isso queremos o quê? Unir as comunidades, essas pessoas, FORT é união, foi através da força, do conhecimento, que todos os dias aprendemos", diz.

Orientações do Supremo Tribunal Federal

As orientações do Supremo Tribunal Federal (STF), entre 2021 e dezembro de 2022, sobre a não realização de despejos forçados, foram fundamentais para preservar ao menos 167 mil famílias em todo o país nos seus locais de moradia.

Apenas no período de pandemia, ocupações envolveram cerca de 4 mil famílias e 14 áreas em Curitiba e região, de acordo com a campanha Despejo Zero. Em 2023, porém, a sensação é de grave insegurança.

De um lado, dificuldades. De outro, há caminhos. Os integrantes da campanha Despejo Zero apontam a conquista da ocupação Nova Esperança, em Campo Magro, do MPM, na qual 1200 famílias já não correm o risco de reintegração de posse, em área pública.

No geral, o urbanismo excludente de Curitiba tem quase 104 mil domicílios desocupados, segundo o Censo Populacional de 2022. Ao mesmo tempo, segundo a Companhia de Habitação do Paraná (Cohapar), o deficit total de moradia no estado é de 511.746 domicílios. .

Nova Esperança, em Campo Magro: depois da tempestade

Ocupação de 1200 famílias conquista com organização direito de ficar, e inicia processo de regularização, após anulação de ação de reintegração de posse

13 de agosto de 2023

Foto: Pedro Carrano

O carro se afasta de Curitiba e, na estrada do Cerne, na direção de Campo Magro, placas da prefeitura advertem o visitante com críticas e publicidade contrária à realização de ocupações.

Resquícios de uma guerra perdida?

Afinal, depois de três anos de disputas com o município, governo do Paraná, Fundação de Ação Social de Curitiba (FAS), entre outras lutas, a comunidade Nova Esperança já não possui reintegração de posse pesando sobre os ombros de cada um dos cerca de 5 mil moradores.

"O povo agora pode dormir tranquilo, sem o medo de o trator derrubar as casas", explica integrante da coordenação do Movimento Popular por Moradia (MPM), responsável pela organização da ocupação. "A questão agora é como vai ser o processo de regularização", avisa, a partir dessa área pública do estado do Paraná, abandonada há mais de 12 anos.

Para quem estava há certo tempo sem visitar a comunidade, o desenvolvimento da Nova Esperança é nítido, com comércios instalados logo na entrada. De cara, recorda uma vila já enraizada. Na verdade, surgida em 25 de maio de 2020, em plena pandemia, a Nova Esperança abriga hoje 1.200 famílias.

Além da esperança no nome de batismo, carrega as novas tensões da atual conjuntura. Chama a atenção, por exemplo, o expressivo número de imigrantes na sua composição: cerca de 300, vindos, sobretudo, do Haiti, mas também de Cuba e Venezuela.

Balanço da organização popular

Na tarde da visita à ocupação, o sol brilhava forte em área onde as famílias se adaptaram e mostraram que é possível, a partir de estudos da Universidade Federal do Paraná e da instalação de fossas ecológicas, estar em dia com a agenda ambiental. Organizada em doze setores, um deles é destinado à produção chamada de rururbana, com horta e criações, além de onze setores de habitação.

Na experiência do MPM, até então apenas a ocupação Tiradentes havia alcançado a rara chance de regularização fundiária. É necessário dizer: a indiferença dos órgãos públicos é evidente, o que deixa as pessoas sem a escritura da casa. Por décadas. Basta ver a situação de áreas já urbanizadas, que se transformaram em vilas, mas que não estão regularizadas – como Barigui, Sabará (CIC), Formosa, em Curitiba, para citar alguns exemplos.

Mas a vitória da Nova Esperança, celebrada recentemente pelos moradores, gera um exemplo para outras áreas de ocupação.

Histórico do terreno

O terreno foi doado por particulares para a FAS, em 1984. Em 2009, a instituição teve os serviços encerrados. Dentre as razões para o fechamento, a prefeitura de Curitiba alegou que o terreno era distante do município.

Em 2012, três anos após o encerramento das atividades no local, a área foi cedida pela prefeitura de Curitiba, via Outorga Permissão de Uso de Imóveis, tendo como permissionário o estado do Paraná. E a área estava abandonada desde então.

Comunidade haitiana enfrenta desafios em ocupações de Curitiba

Últimos dados apontam que mais de 19 mil haitianos vivem no Paraná; a maioria vive de trabalhos informais

5 de Julho de 2021

Wilner Rosier dorme pouco. Ou quase nada. E corre muito. Carismático e tranquilo, atende dezenas de pessoas. Trabalha no centro. Ajuda no bairro Tatuquara. Atravessa a capital várias vezes no dia. Residente no Brasil há dez anos, esse haitiano vive na área de ocupação Guaporé 2, em Curitiba, e exerce a solidariedade em outras comunidades urbanas.

Desde o começo da pandemia, com o agravamento das condições de vida no governo Bolsonaro, novas áreas de ocupação surgiram e com forte presença da comunidade haitiana. O que evidencia a necessidade de moradia, mas também a contribuição cultural e organizativa trazida pelos haitianos.

É o exemplo de Rosier. Ele era presidente de uma associação de moradores no Haiti, com 200 integrantes, na cidade de Gonaives, quarta maior do país. Acredita que a experiência é essencial para o papel que desenvolve hoje. Afirma que, no país caribenho, organizava projetos de trabalho voluntário.

Em Campo Magro, a comunidade haitiana sempre se reúne, construiu uma igreja, horta comunitária, entre outras ações. "Estamos aqui para construir casas de material, colaborar, na parte econômica, cultural e social", explica.

Base social

Em pesquisa feita pela prefeitura de Campo Magro, dentre 720 famílias, 224 são oriundas do Haiti. Já na ocupação Nova Guaporé 2, próxima do centro de Curitiba, entre 101 famílias, cerca de 15 são haitianas[4], formando uma comunidade consistente.

A União da Comunidade dos Estudantes e Profissionais Imigrantes (UCEPH) informa que, em 2019, havia 19 mil haitianos vivendo no Paraná, de um total de 150 mil no país, de acordo com a ONU Migração (2022). Os desafios são imensos. Entre eles, está a falta de renda. Noutro sentido, a exploração e o peso do trabalho informal.

De 689 famílias, de acordo com a mesma pesquisa em Campo Magro, somente 175 possuíam fonte formal de renda. Outro problema sério é a falta de vínculo das crianças com a rede estadual e municipal de ensino.

O racismo e a xenofobia são cotidianos, o que oculta a própria formação e capacitação que os migrantes já traziam na bagagem. "Queremos oferecer, mas nem sempre temos oportunidade para mostrar o que sabemos. Eu sou cozinheiro, mas há preconceito. Vi dois amigos abrirem restaurante com a culinária haitiana, mas não foram para a frente por preconceito das pessoas", critica Rosier.

Wilzort Cenatus, logístico e estudante de Agronomia, presidente da UCEPH, definiu que "o imigrante representa a força motriz do país". Ele diz que um imigrante, que fica cinco anos trabalhando no país, deixa um legado para o povo e para o governo brasileiro. Quando sai, deixa tudo aqui.

Comunicação possível

Já a haitiana e professora de línguas Nadine Hyppolite passou a organizar cursos de línguas na ocupação em Campo Magro como

[4] Dados hoje possivelmente desatualizados.

forma de evitar ruídos na comunicação do dia a dia entre brasileiros e haitianos.

"A intenção do curso, assim que conheci Campo Magro, veio na minha cabeça de fazer cursos na intenção de familiarizar as pessoas. Casos em que as pessoas, quando não entendem o que haitianos falam, às vezes podia gerar mal-entendidos. Eu trouxe também outras colegas de faculdade para dar cursos de português para os imigrantes, para facilitar a entrada no mercado de trabalho", descreve.

Em Curitiba, famílias despejadas da Guaporé seguem ameaçadas, agora em nova ocupação

Mesmo sob proteção judicial, em local de propriedade duvidosa, famílias sofrem pressão por parte de órgãos municipais. Ainda assim, após o primeiro despejo, nomeiam a ocupação: Guaporé 2

7 de Janeiro de 2021

Foto: Pedro Carrano

Ruan é um jovem experimentado em movimentos por moradia. Pai de quatro filhos, um deles a caminho no ventre de sua companheira grávida, Janaína. Trabalhador da construção civil desempregado, ele hoje vive em um barraco de 9 por 16 metros, na ocupação Nova Guaporé 2, no bairro Comprido, em Curitiba (PR).

Existente desde outubro, a Nova Guaporé 2 recebeu, no dia 17 de dezembro, muitas famílias que foram despejadas, de outra ocupação ali perto, na Cidade Industrial, também chamada de Nova Guaporé (sem o dois, no caso).

Ao lado de quinze famílias de haitianos, 37 estrangeiros, em um total de cerca de 200 famílias, Ruan enfrenta o fantasma do desemprego, do subemprego, da miséria, que já alcança cerca de 39,9 milhões de pessoas no país governado por Bolsonaro.

E, o mais gritante neste momento: sente a falta de política habitacional por parte do prefeito reeleito Rafael Greca (DEM).

Quando despejada em dezembro da Cidade Industrial, a comunidade Nova Guaporé causou grande comoção na opinião pública paranaense, afinal 311 famílias foram para uma rua de terra com seus pertences, no auge da pandemia, em um final de ano chuvoso. No dia do despejo, houve atendimento médico para senhoras com risco de enfarto e desmaios.

Agora, na nova área, estão sob resguardo provisório, depois que a juíza Patrícia de Fúgio Lajes de Lima, da 1ª Vara Cível, suspendeu ação de reintegração de posse, diante de incertezas quanto à posse do terreno, levando em conta, textualmente, a necessidade das famílias carentes.

Despejadas da Cidade Industrial de Curitiba pouco antes do Natal, muitas famílias tentam se reerguer na Nova Guaporé 2 em uma área que abrigava um lava-jato, coberta por vegetação, pertencente, em tese, a Empreendimentos Comerciais Kikomar LTDA.

A área, abandonada desde 1993, é alvo de disputas judiciais, fica ao lado de outro terreno da imobiliária com o sugestivo nome de Construtora Patrão LTDA. Junto a isso há uma área municipal incrustada no centro do terreno, motivo de disputas cotidianas que certamente dariam a Marx um bom subsídio para estudo.

Moradores e prefeitura disputam, centímetro a centímetro, o direito de ampliar ou não a cerca divisória entre ocupação e suposta área municipal. A presença da guarda é diária no local.

Ao visitar presencialmente o suposto endereço da Kikomar LTDA, que consta no pedido de reintegração de posse da área, a reportagem constatou que se trata de um endereço residencial que não tem nada a ver com possíveis proprietários do terreno.

Região valorizada

Ao contrário de ocupações ocorridas na capital e região metropolitana desde 2015, a Guaporé tem um diferencial: localiza-se no bairro Campo Comprido, em área relativamente perto do centro, em região valorizada da cidade, longe da chamada periferia extrema de Curitiba.

Nos dias de sol, crianças brincam soltas na comunidade. Cães, galinhas e um porco, chamado justamente Guaporé, também.

Laudicéia, a Laudi, organizava o coro das crianças para a entrada do ano novo. Henrique, musicista que fez parte do coro da Universidade Federal do Paraná, faz vídeos com o celular enquanto monta o seu barraco. O preço do aluguel tornou-se para muitos ali simplesmente impossível[5].

Guarda municipal fomenta conflitos

Assim mesmo, prefeitura, administração regional do bairro Portão e a guarda municipal têm fomentado conflitos e tensões

[5] Em 1980, 19,9% da população morava de aluguel. Essa porcentagem caiu para 14,1% em 1991 e 12,3% em 2000. Em 2010, houve um aumento, para 16,4% e, em 2022, a tendência se manteve, alcançando 20,9%, de acordo com pesquisa do IBGE citada pela Agência Brasil.

praticamente diários com as famílias. A guarda esteve na Nova Guaporé 2 por dois dias seguidos, sem apresentar documentação ou mandato, sem explicar direito as razões da inusitada visita.

Ocupantes relatam um trato abusivo e intimidador por parte de alguns oficiais, algo que pôde ser constatado pela reportagem, que tem acompanhado o local desde o final de dezembro.

O prefeito Greca tem deslocado diariamente contingentes da guarda municipal para a área, sob argumento de denúncia de moradores do entorno, porém ainda não enviou representantes de secretarias para dialogar com as famílias. Em um dos episódios, o conflito foi mediado pelo vereador Renato Freitas (PT)[6].

Mas até agora as famílias têm visto apenas o uniforme azul da guarda do município. Questionado por uma moradora sobre o que faria se tivesse que abandonar o seu barraco, a resposta do administrador regional foi protocolar e muito comum:

— A senhora pode entrar na fila da Cohab.

[6] Hoje deputado estadual pelo mesmo partido.

Copel pressiona por despejo forçado comunidades em ao menos três cidades da região metropolitana

Com privatização, advogado avalia que postura de negociação da empresa mudou

22 de abril de 2024

Pedro Carrano

Localizada no caminho de um rio, o Rio Pequeno, em São José dos Pinhais, às margens da BR-277, a comunidade Jardim Modelo, ou, ao menos, boa parte de seus moradores, vive dias de insegurança, perto ou debaixo da rede de energia elétrica da Copel, porém sem delimitação de quem vai ter que sair do local. E de quem poderá ficar.

Antiga empresa estatal e hoje privada, a Copel é autora de pedido de reintegração de posse contra uma faixa que compreende cerca de 100 famílias.

No entanto, Termo de Ajuste de Conduta (TAC), emitido pela atual gestão do município, datado de outubro de 2023, aponta necessidade de realocação das famílias, instaladas ali desde os anos 1990.

Moradores e lideranças ficaram assustados. Isso porque, com o TAC nas mãos, aguardavam a realocação oficial para outro terreno. E não simplesmente uma ordem de despejo incerta.

Com isso, reivindicam que a antiga empresa pública poderia esperar pela medida de realocação. "A Copel não definiu quem fica e quem sai", afirma Nilton Gonzaga, que mora no local, é da União Nacional de Moradia Popular (UNMP) e do diretório municipal do Psol.

"Não temos certeza sobre qual é a faixa de distância da Copel, uns falam que 17 metros, outros 55 metros, já pedimos, mas nunca tivemos essa informação", aponta.

"Mesmo barco"

"— Como a gente vai se virar?"

Afirma a dona de casa e moradora Jaqueline, que teria preferência por ficar no local de moradia aonde já vive ao lado do esposo e filho. "Se a gente puder ficar, melhor", reflete. A dona de casa, moradora há dez anos, é uma das pessoas citadas no pedido de reintegração de posse.

Ela se preocupa com a situação das crianças. "Sem condições de pagar aluguel, temos crianças especiais e famílias que trabalham, queremos resposta e ajuda da prefeitura. Não sabemos se a Copel virá despejar a gente", afirma.

Já Diego, motorista, comenta que está "no mesmo barco". "Estamos juntos mesma situação. Qualquer momento pode dar canetada. Copel está provando pra nós que é desumana", diz.

Morgana, também citada no processo, é uma das mulheres que se aproxima da roda de conversa em torno da reportagem. Ela afirma que paga água e luz, porém está na dúvida se sua casa será removida ou não. "Pagamos a nossa casa, mas ainda não sabemos até onde vamos. Queremos uma resposta, vamos pra onde com as crianças?", questiona.

Moradores estão afinados na afirmação de que a secretaria de habitação de São José dos Pinhais é inoperante, "Não coloca o pé no barro", afirmam. A reportagem tentou contato com a secretária Camila Monteiro e até agora não teve êxito. A prefeitura de São José dos Pinhais já possui o hábito de despejos individualizados e levados a cabo durante a pandemia, o que se acentua nessas situações.

Altos valores de uma empresa privada e menos investimentos sociais

Reportagem do jornalista Manoel Ramires demonstra que a Copel depois da privatização é uma empresa com valor de R$ 23 bilhões na bolsa de valores. Porém, como se vê, ao não ter mais controle público, tem acelerado a pressão pela reintegração de posse e também tem tido falhas no atendimento em todo o Paraná.

"No total, 387 das 399 cidades do estado tiveram falhas no serviço após a venda da Copel. A empresa arrecadou R$ 2,2 bilhões. Deste montante, 50% vão para as mãos dos acionistas. Isso equivale a R$ 1,1 bilhão. Se o povo no Paraná ainda fosse dono da maioria das ações, o estado ficaria com R$ 340 milhões relativos aos 31,1% das ações. Agora, para os cofres públicos, a cifra é de R$ 174 milhões. Parte do lucro que cresceu 102,5% é resultado do não pagamento de PIS e Cofins que poderiam ser utilizados em investimentos sociais", aponta o jornalista.

Não é apenas em São José dos Pinhais o conflito entre a antiga empresa pública e os interesses da população. Situações semelhantes de exigência das áreas por parte da Copel são vistas também em Araucária e, ao lado disso, onze conflitos em Colombo – as duas na região metropolitana de Curitiba.

Em Colombo, o advogado Adilson Korchak acompanha a situação das famílias. Com a privatização, Korchak aponta que a empresa ingressou com pedido de mudança da Vara da Fazenda Pública, por não ser mais empresa pública e sim privada.

Ele contesta o argumento da empresa de remoção para realização de manutenção das linhas de alta tensão. "Defendi e derrubei liminares com o argumento de que não há nenhum desserviço ali com a manutenção dessas linhas. Poderia fazer a manutenção como já fez em outros episódios", afirma.

Para deputados estaduais, serviço e atendimento piora no interior do Paraná

Somente em 2023, a Copel recebeu vinte e oito mil pedidos de ressarcimento por aparelhos e equipamentos danificados em decorrência de problemas na rede de energia. Desse total, apenas sete mil foram indenizados, o que representa apenas 25% dos equipamentos danificados, prejudicando agricultores, comerciantes e residências.

Para a deputada estadual Luciana Rafanhim, "Após a privatização da Copel, concluída em 2023, houve uma deterioração na qualidade do fornecimento de energia. Consumidores residenciais, comerciantes e agricultores estão tendo sérios prejuízos", alerta Luciana Rafanhim.

Famílias protestam no dia 25 de abril

Nesta mesma semana, haverá ato de protesto reunindo esta e outras três comunidades de São José dos Pinhais.

Resposta da Copel sobre perguntas da reportagem

"A Copel informa que a ocupação irregular das faixas de servidão situadas sob linhas de transmissão de energia apresenta riscos graves à segurança das pessoas que lá se encontram, por se tratar de rede de alta tensão energizada, razão pela qual os ocupantes são previamente alertados sobre a irregularidade e notificados para a desocupação. Na condição de concessionária do serviço público de distribuição e transmissão de energia elétrica no Paraná, a Copel tem obrigação legal de manter essas áreas livres para pronta execução de atividades de manutenção e recuperação da rede em caso de danos ou desligamentos, a fim de evitar prejuízos aos clientes.

A Copel já vem dialogando com as partes envolvidas. A empresa vai além das obrigações legais e regulatórias, buscando junto ao Ministério Público, aos municípios e à Comissão de Soluções Fundiárias do TJ-PR a solução mais adequada para esses casos de ocupação irregular de faixas de segurança. A Companhia informa, ainda, que as ações para reintegração de posse de terrenos localizados sob linhas de energia estão fundamentadas no Decreto Federal nº 35.851, de 1954, que regulamenta o uso das faixas de servidão de linhas de transmissão, e em decretos de utilidade pública emitidos para instalação dos empreendimentos".

Famílias de Araucária vivem incerteza do risco de despejo

Moradores do Jardim Magnópolis alegam que não houve canais de negociação com órgãos públicos

25 de Janeiro de 2023

Moradores do Jardim Magnópolis, na cidade de Araucária, região metropolitana de Curitiba, estão apreensivos e assustados. Isso porque recentemente duas famílias foram despejadas da área.

Agora, outras 28 famílias estão na incerteza, em local onde a memória popular aponta a luta por moradia desde os anos 80 e até 70. O pedido de reintegração de posse partiu da Companhia de Iluminação do Paraná (Copel), reivindicando que na área passa uma rede de transmissão de energia.

Um dos maiores problemas se deu, no entanto, na retirada das duas famílias. Os moradores alegam que não houve canais de negociação entre guarda municipal, prefeitura, órgãos públicos e famílias. Além disso, a ação da guarda municipal foi truculenta, como mostram imagens feitas pelos moradores. A GM de Araucária tem sido constantemente criticada pelos procedimentos e pela criminalização de sindicatos e trabalhadores nos locais de moradia.

Passado o período de dois anos recentes de pandemia, quando havia indicativo nítido do Supremo Tribunal Federal (STF) em relação à não realização de despejos forçados no período da pandemia, agora a ameaça de despejo atinge também famílias assentadas há um longo período.

A ameaça de retirada de famílias instaladas há tanto tempo em um mesmo local causa inúmeros problemas. "Tenho meu trabalho de manicure aqui em casa, dois filhos, toda uma vida construída", enumera a moradora Eliane Sdrait.

Outra liderança local, Dileuza, reforça o vínculo com a comunidade, uma relação que é pessoal e ao mesmo tempo de trabalho. Dileuza afirma que "Nunca esperava que isso ia acontecer, porque aqui era o nosso sonho, um sonho que está indo embora, todo mundo está angustiado. Já gastei só neste ano 4 mil reais na minha banquinha de salgados e bebidas. Tentamos impedir, chorando, o despejo das famílias, mas ali não tinha como. Muito difícil para a gente. Agora, estamos na luta", aponta.

Rapidamente, com a ameaça colocada, a organização da comunidade avançou, articulando uma associação de moradores, parcerias com mandatos parlamentares progressistas e com a campanha Despejo Zero como forma de fortalecimento.

Despejo de um sonho

Integrante da direção estadual do Movimento de Trabalhadores Rurais Sem Terra (MST), Joabe Oliveira afirma que a articulação Despejo Zero não faz promessas, mas envolve as comunidades a partir de suas demandas, gerando solidariedade entre todas elas.

"Não existe despejo democrático ou legal. Todo despejo é um crime contra o povo. O despejo não é só da casa, mas de um sonho de vida, por isso estamos juntos e criamos um canal de diálogo importante no Paraná, que é modelo para o país, entre movimentos populares e Comissão de Soluções Fundiárias do Tribunal de Justiça do Paraná", afirma.

Karina Verhagen, liderança comunitária em Araucária e militante do PT local, critica a forma como a gestão de Hissam

Hussein Dehaini[7] (Cidadania – conhecido pela gestão marcada pelo mando e repressão também contra servidores públicos) trata as comunidades: "Em uma das cidades mais ricas do Paraná, em vez de investimentos, a prefeitura investe em despejos forçados", critica.

Outro lado

Em nota, solicitada pela reportagem, sobre a situação das famílias, a resposta da prefeitura de Araucária se deu nos seguintes termos, com o conhecido indicativo da fila por moradia:

"As famílias podem se inscrever ou atualizar o cadastro anualmente na Companhia de Habitação de Araucária para entrar/manter-se na fila dos empreendimentos do município. Os moradores podem obter mais informações pelo telefone 3031-3939".

[7] O atual prefeito, eleito em 2024, é Dr Gustavo (PL)

Indígenas ocupam terrenos na grande Curitiba e pedem instalação de Casa da Passagem

Direito de ficar em ocupação e uma Casa de Passagem Indígena são as pautas dos Kaingang

28 de março de 2022

Foto: Pedro Carrano

Dois acampamentos indígenas estão instalados neste momento em Campo Largo, região metropolitana de Curitiba. Os trabalhadores e vendedores de artesanato[8] são oriundos das aldeias de Faxinal, no município de Cândido de Abreu, Aldeia de Queimadas, na região de Ortigueiras, Aldeia de Apucaraninha, na cidade de Tamarana e Aldeia Ivaí, em Manoel Ribas, também no interior do Paraná.

Os indígenas Kaingang reivindicam condições para o período em que realizam comércio em Curitiba e Região Metropolitana, o que se traduz na pauta de Casa de Passagem Indígena e no direito a ficar em um terreno recentemente ocupado.

Existem apenas seis casas de passagem em todo o estado do Paraná, geralmente com grande resistência das gestões municipais. Em Cascavel, por exemplo, na região Oeste, o projeto, apresentado há mais de uma década, ainda hoje não foi aprovado.

Parque do Mate e luta histórica

Em Campo Largo, um dos acampamentos é uma ocupação à margem da BR-277, no Parque Histórico do Mate, unidade da secretaria de estado da Cultura, uma sede de três casarões abandonados e desgastados, onde agora cerca de vinte famílias se instalaram no terreno do local, pautando que a Casa de Passagem poderia ser ali, em parte devido à proximidade da rodovia e acesso fácil.

Os povos originários afirmam que seriam, inclusive, melhores gestores do espaço em comparação com o desleixo das autoridades. Em local de memória histórica, eles reivindicam a legitimidade justamente como guardiões dela.

"Se aqui fala de mate, então temos que trazer o nosso histórico indígena", afirma Lucas, liderança local, referindo-se ao fato de que a cultura do consumo do mate é própria e oriunda

[8] O Brasil tem mais de 8,5 milhões de artesãos, de acordo com o IBGE. O setor artesanal movimenta cerca de R$ 100 bilhões por ano, o que corresponde a cerca de 3% do Produto Interno Bruto (PIB) do país.

dos povos originários. Lucas também reforça que o local poderia receber diferentes etnias, caso dos povos Guarani, por exemplo.

Na frente da Câmara de Campo Largo

Já o agrupamento acampado na frente da Câmara Municipal de Campo Largo, com cerca de oito famílias, aguarda resposta da gestão municipal para a desocupação de um barracão na cidade onde as famílias passam o período de vendas.

"Só sairemos daqui na hora que tivermos respostas. Passamos dois a três meses aqui, então precisamos dessa casa de passagem. A população de Campo Largo tem apoiado e tratado bem", afirma Janguito Alves, uma das lideranças locais.

Condições ausentes

Kixirrá, indígena da etnia Jamamadi, do Acre, participa em Curitiba da luta pela consolidação de Casa de Passagem em Curitiba, conquistada provisoriamente no final de 2021, transformando-a em centro social e cultural.

A militante analisa a necessidade de cobrar do poder público que qualquer espaço tenha condições de água, saneamento, espaços sanitários – o que muitas vezes as gestões municipais não oferecem.

À época, em Curitiba, cerca de 60 famílias indígenas, sobretudo mulheres, acamparam no Centro Cívico. A memória hoje é de uma conquista do local, e também da conquista da pauta de autogestão do espaço, sem tutela oficial e respeitando as articulações e cultura dos povos indígenas.

"Foi uma luta e até hoje há pessoas que não entendem que não há espaço para tutela, mas para a auto-organização de nossos povos", afirma.

Em artigo de opinião da vereadora Professora Josete (PT), dados do governo do Paraná apontam que cerca de 13.300 indígenas vivem no estado, pertencentes ao povo Kaingangue e Guarani na sua maioria, e restam poucas famílias de Xetás e Xokleng, vivendo em 23 terras indígenas.

Lutas por "despejo zero" em todo o Brasil

A Defensoria Pública do Estado foi acionada sobre o caso e abriu-se uma possibilidade de negociação com o governo do Paraná de comodato da área para que as famílias sigam vivendo no espaço.

Conflitos como esse se intensificam no momento em que a campanha nacional Despejo Zero busca, no plano nacional e estadual, garantir a prorrogação da Arguição de Descumprimento de Preceito Fundamental (ADP) 828, que garante que nenhuma área seja despejada no período da pandemia, dada a gravidade da crise social, econômica e sanitária.

Isso envolve comunidades rurais, acampamentos do MST, quilombolas, comunidades indígenas, áreas de ocupação nos centros urbanos e indivíduos locatários. Dados da campanha, no Paraná, apontam que 1656 famílias já foram despejadas em dois anos de pandemia, outras 3.270 estão ameaçadas. No plano nacional, a ameaça alcança 230 mil pessoas.

O Paraná é um dos estados com maior incidência de despejos forçados, número que infelizmente aumentou em 310%, de agosto de 2020 até o momento.

As organizações envolvidas na campanha também criticam duramente a ausência de políticas públicas para regularização fundiária, o orçamento municipal pífio para habitação de interesse social, ao lado da falta de energia elétrica, água, esgoto e condições nas comunidades e áreas de ocupação, a preocupação com a violência da PM, entre outros pontos.

A vila Domitila não quer ser uma ilha

Remanescentes na área, cerca de 20 famílias não querem deixar região de área valorizada no Cabral, reivindicada pelo INSS

14 de Julho de 2023

Foto: Pedro Carrano

Uma ilha cercada de despejos por todos os lados.

Essa é a situação da vila Domitila. Um enclave ameaçado de reintegração de posse em plena região nobre do urbanismo excludente de Curitiba. As casas estão bem estruturadas e dão a aparência até de um residencial de classe média.

As residências que já foram despejadas conservam toda a sua estrutura, lembrando um filme pós-apocalíptico ou algo assim, sem muita explicação sobre imóveis abandonados num país de grande necessidade de moradia.

Porém, o Instituto Nacional de Seguridade Social (INSS), autarquia do governo federal, alega que é legítimo possuidor do imóvel denominado "Vila Domitila - Gleba Juvevê". Via e-mail, a assessoria de imprensa do INSS emitiu a seguinte resposta sobre o destino das famílias:

"Os imóveis citados pertencem ao Fundo do Regime Geral de Previdência Social (FRGPS) e devem ser alienados para o pagamento de benefícios. O INSS cumpre rigorosamente as decisões judiciais. Não é possível a doação destes imóveis ou inclusão em programas de regularização fundiária em razão da destinação ao FRGPS e ao seu alto valor econômico", afirma a assessoria.

No fundo, a disputa já consome mais de um século. A área onde fica a Vila Domitila, de 191.480 m², tem a avaliação de até R$ 72 milhões. Localizada entre os bairros Ahú e Cabral, atrás da penitenciária desativada, segue sem solução e, de tempos em tempos, retorna aos noticiários.

Destruições

O cenário é de desolação. Numa cidade com tanta demanda por terra e moradia, a área já conheceu o despejo de cerca de 200 famílias. Tratores alcançaram casas construídas há mais de 40 anos. Agora, cerca de 20 famílias fazem, literalmente, uma ilha de resistência. E não querem sair.

"Minha mãe viveu aqui há quarenta anos, atuando por meio da associação de moradores. As famílias foram despejadas a base de trator e multa", denuncia Marcos Flávio Gouveia, trabalhador autônomo, liderança que se criou desde a adolescência no local.

Ele enuncia que sua mãe, falecida no período da pandemia, foi uma das antigas moradoras que não pôde ver o caso solucionado. "Perdemos muitos dos velhos, como eu perdi minha mãe. E agora as casas despejadas viraram local de consumo de drogas", aponta.

Quando esteve no local, a reportagem atestou que moradores de diferentes gerações não querem deixar o local, inclusive diante da falta de propostas de realocação ou indenização.

É o caso de Vilson, trabalhador de construção civil, há 20 anos no local, e também de Nicole, jovem que vive na região desde que nasceu. O INSS, por sua vez, em resposta à reportagem, aponta o interesse em leiloar o terreno, que não seria destinado à habitação de interesse popular.

Posse e direito

A tese principal dos familiares e da associação de moradores local é que, no episódio quando a tradicional família do ex-governador Munhoz da Rocha vendeu a área para o INSS, nos anos 1940, isso não incluiria o trecho atrás da antiga penitenciária, onde hoje fica o enclave da Domitila.

Hoje, afora as placas com o aviso do iminente despejo, moradores afirmam que não há um canal de negociação, seja com o INSS ou mesmo com a prefeitura. Marcos reclama da forma como as famílias são tratadas.

História remonta a 1871

Na versão da defesa dos moradores, as terras onde vivem eram de Tertuliano de Freitas, em 1871. O imóvel passou para Antonio da Ros que, em 1912, teria vendido os lotes a Jorge Polysú. Em meados de 1960, a filha de Polysú e o marido dela, Abdon Soares, registraram a propriedade no 2º Registro de Imóveis da Comarca de Curitiba, lotearam e venderam os terrenos. O casal moveu uma ação de reivindicação das terras em 1970 contra o

Instituto Nacional de Previdência Social (INPS, hoje INSS) - apontam informações da Câmara Municipal.

Por outro lado, a versão do INSS é de que uma área de 300 mil metros quadrados teria sido vendida ao governo do Paraná, em 1909, por Eugênio Wirmond. Em 1920, o governador Caetano Munhoz da Rocha teria leiloado a área, sendo arrematada por Carlos Franco. Em 1927, Franco teria vendido a propriedade justamente para Munhoz da Rocha. Ao obter a escritura em 1944, Munhoz da Rocha teria vendido a área de 191,4 mil metros quadrados para o INSS, no local onde está a Vila Domitila. A divergência já foi tema inclusive de CPI na Câmara de Vereadores, em 2016.

Com 16 anos, ocupação Portelinha sonha com regularização fundiária no Paraná

Porém, Cohab admite que não tem projeto para a área, o que decepciona moradores

6 de Março de 2023

Foto: Pedro Carrano

A área de ocupação Portelinha desde 2007 luta contra o silêncio, contra a violência e contra o esquecimento.

Assim mesmo, apesar de tentativas do poder público de vencer a comunidade pelo cansaço, não é possível deixar de notá-la. Cortada em duas áreas pela rua Rezala Simão, entre o final do bairro Santa Quitéria e começo do Fazendinha, a comunidade já foi tema do noticiário por conta da violência policial contra seus moradores.

Mas nunca foi apenas essa a memória construída pela comunidade. Nesse meio tempo, na verdade, os moradores e lideranças não a deixaram parada. Pelo contrário, organizaram cursos, clube de mães, contam com atuação na área do Movimento de Organização de Bairro (MOB).

No período recente de pandemia, também fizeram o chamado dossiê da comunidade, de 153 páginas, com o histórico e documentação, repleto de memórias e imagens, com a história do povo. Criaram espaços coletivos. E agora querem retomar cursos de alfabetização, em parceria com coletivo de educadoras do MST.

Dessa forma, toda a lição de casa orientada pela campanha nacional Despejo Zero é cumprida por ali. A campanha hoje aglutina áreas do MST, ocupações urbanas e indígenas com risco de reintegração de posse e que buscam o direito à moradia. No seu processo, muitas comunidades têm aprendido que, quanto mais espaços coletivos e comunitários, tanto mais força.

No dia 2 de março, com mediação da Comissão de Conflitos Fundiários do Tribunal de Justiça do Paraná, lideranças da comunidade, caso de Arildo Taborda, o "Dida", e Jô Dias de Matos, participaram de nova rodada de negociação com a presença de representantes da Cohab, Procuradoria do Município, Fundação de Ação Social (FAS), Superintendência Geral de Diálogo e Interação Social do Estado do Paraná (Sudis), e com a presença também da Residencial Plano Leve, autora do pedido de reintegração de posse na área. A mediação ainda deve buscar presença do Ministério Público em reuniões futuras, bem como da prefeitura de Curitiba, ausente desse espaço de negociação.

No canal de negociação, as novidades foram duas: Foi a primeira mesa de negociação com a presença da Residencial Plano Leve, que ensaiou uma primeira proposta sobre negociação da área.

A outra questão é que, declaradamente, a Cohab admitiu, também pela primeira vez, não ter interesse e não ter previsão de projeto para o local, de acordo com a ata da reunião. A Companhia mista ficou ainda de fornecer mais informações que possui. Da parte dos moradores, por outro lado, a assembleia cheia mostrou insatisfação e até revolta com tantos anos de espera sem respostas em relação ao poder público.

"A empresa pela primeira vez esteve em mesa de negociação. Em 2017, entraram em contato com Ministério Público para negociação, mas a comunidade não estava presente. Não havia propostas, porque a empresa está em situação precária, existe formalmente, ganhou ação de reintegração de posse há muito tempo. A proposta foi feita agora, de R$ 24 milhões, não especificado como gostaria de obter esse valor", apontou Luan Garrido, um dos advogados da comunidade, ressaltando que a construtora ficou de enviar proposta por escrito, a partir de cálculo sobre as dimensões da área e potencial construtivo, de forma que a comunidade reaja com contrapartida à proposta.

Situação resumida da comunidade

Em 2023, depois de 16 anos de ocupação, moradores da Portelinha iniciaram negociação com a empresa Residencial Plano Leve, em contato direto. Antes disso, a partir da Comissão de Conflitos Fundiários, em janeiro de 2023, houve visita técnica, junto com Defensoria Pública, FAS, entre outros entes.

A partir disso, informa Luan Galindo, integrante do MOB e advogado popular na comunidade, houve quatro audiências e contato com advogados da empresa.

"A Cohab demonstrou-se num primeiro momento querendo esquivar-se de qualquer responsabilidade, não tinha interesse na área, falou isso nos próprios espaços de conciliação. Como é habitual, a prefeitura sempre enviava procurador que não entendia do caso. Desde o início, buscamos com prefeitura e Cohab que eles se responsabilizem pelo terreno, seja por qualquer instrumento jurídico, desapropriação direta ou outro, para fazer regularização fundiária", pondera Galindo.

Galindo informa ainda que há moradores em situação de risco, abaixo do fio de transmissão de energia, e que necessitam realocação com garantias.

"Buscamos negociação direta com a empresa. Mas moradores e moradoras vivem em situações distintas e teriam que arcar com valor muito alto, o que geraria uma série de problemas. Concluímos que o melhor formato seria negociar com mediação da Cohab. A prefeitura falou em interesse na área, mas desde o segundo semestre do ano passado, aguardamos reunião junto à gestão para conseguir chegar em algum acordo, porque é o que estamos buscando, que a prefeitura faça um acordo com a empresa", afirma Galindo.

Famílias da ocupação Fortaleza, onde prefeitura já gastou mais de R$ 1 milhão com empresa privada, reivindicam direito à moradia

Representantes dos órgãos públicos parecem conscientes da situação de enraizamento das famílias

18 de março de 2024

A Comissão de Soluções Fundiárias do Tribunal de Justiça do Paraná visitou, na tarde de hoje, a área de ocupação Fortaleza, em comitiva liderada pela desembargadora Ana Cláudia Finger. A comissão é presidida pelo desembargador Fernando Prazeres.

Iniciada em fevereiro de 2022, na Cidade Industrial de Curitiba (CIC), a ocupação Fortaleza revelou um espaço abandonado, no qual a prefeitura desde 2018 paga aluguel à empresa Comercial Exportadora Husseini Ltda, pelo valor mensal aproximado de R$ 19 mil.

Em seis anos, isso significa aproximadamente 1.488.000, o que reforça a urgência de regularização fundiária e investimentos em moradia, em lugar de um pagamento de aluguel com recursos públicos e sem qualquer sentido.

Foto: Pedro Carrano

Tudo estava abandonado. O barracão, inviável, em pleno período de pandemia. Hoje, a comunidade abriga 38 famílias que constituíram lar. Do antigo espaço que ficou anos a fio sem nada, resta hoje a estrutura de um banheiro coletivo, aproveitado pela comunidade.

Foi isso que as famílias tentaram mostrar ao poder público durante a visita técnica da Comissão, que contou também com a participação de João Victor Longhi, da Defensoria Pública do Estado - que defende juridicamente as famílias -, Aline Bahr, da Promotoria de Justiça, de Habitação e Urbanismo de Curitiba, do Ministério Público, ao lado de assistentes sociais da comissão. Representantes da Superintendência Geral de Diálogo e Interação Social (Sudis) também compareceram.

"O nosso trabalho é lutar pra que as pessoas não fiquem em situação de rua. Para que as pessoas fiquem protegidas nos seus direitos. Evitando massacres que são os despejos forçados, com um olhar humanitário e pacificador sobre conflito", afirmou Bahr, quem prometeu "Ir até o extremo" pela comunidade.

Pela primeira vez na história de uma visita técnica, a prefeitura municipal e Cohab enviaram representantes, bem como, fato igualmente inédito, a administração regional da Cidade Industrial de Curitiba, na figura de Raphael Keiji Assahida.

De certa forma, nas suas falas, representantes dos órgãos públicos parecem conscientes da situação de enraizamento das famílias. Todas as falas foram favoráveis ao direito à moradia. Na comunidade Fortaleza, vivem desempregados, donas de casa, trabalhadores, jovens negros e negras, mulheres e dez crianças.

O superintendente de controle ambiental da secretaria municipal de meio ambiente, Ibson Campos, questionado pela reportagem, reconhece a legitimidade das famílias que estão instaladas ali:

"Para nós hoje não tem mais barracão. Toda ocupação tem a sua legitimidade. Vamos buscar a melhor solução possível, entendo que o mais importante é ser bem atendida, independente do projeto ambiental", afirma.

Campos disse que o objetivo da prefeitura era transformar o espaço numa central de comercialização de polietileno tereftalato (PET), em parceria com o programa Ecocidadão, que atende a trabalhadores carrinheiros.

Porém, duas licitações foram feitas, em meio à pandemia. O primeiro chamamento não teve apelo. O segundo foi cancelado, informa Campos, devido à ocupação.

Embora a prefeitura siga pagando o aluguel da empresa, é fato que o antigo espaço abandonado segue sem apontar para a chance de construção de um barracão.

"Meus dois filhos estão em creche, aqui já não é mais empresarial, somos residencial", afirma Rafael, morador desde o início e pai de duas crianças pequenas.

Próximos passos

João Victor Longhi comenta que a visita técnica terá um relatório produzido pela Comissão e apresentado em poucos dias. Logo depois, é a vez de uma audiência de mediação.

"Defendo o direito à moradia em nome da Defensoria Pública. Fico feliz de ver vocês na casa de vocês. E é uma alegria trazer a Constituição pra locais como este. Poder público que tem que cuidar das pessoas e garantir direitos", declara.

Em Curitiba, Cohab cobra de famílias lotes com m² 400% acima do valor inicial

29 de Julho de 2021

Foto: Pedro Carrano

Vanda Vieira é integrante da associação de moradores Vila Canaã, que fica no bairro Novo Mundo. Ainda criança, ela e sua família foram moradores pioneiros na região.

A família instalou-se no local em 1978 quando "tudo era mato alto por ali", e o terreno ainda pertencia à Caixa Econômica Federal.

Só uma década mais tarde ocorreu a ocupação e divisão de lotes às margens da bacia do rio Formosa. A ocupação iniciou-se no ano de 1991, puxada pela liderança histórica de Jairo Graminho, quem também participou da chamada Revolta dos Colonos, no Sudoeste do Paraná.

E a região ficou conhecida pelo nome de Formosa. Dentro dela, há várias vilas com trajetórias próprias. Em 1994, por exemplo, foi criada a chamada vila "Cooperativa Luta pela Terra", separando a então associação vila Formosa e dando luz mais tarde à Associação Vila Canaã – como relata documentário produzido pelo Instituto Democracia Popular (IDP).

Uma coisa é certa. Quase trinta anos depois, que se completam no dia 7 de setembro, há muita insatisfação dos moradores com a ausência de regularização fundiária, título e escritura do lote nas mãos. A independência própria da data de aniversário ainda não foi obtida.

O primeiro item da revolta é o fato de que a região foi construída e beneficiada pelos próprios moradores. E não pelo poder público. Quando o Estado chegou ao local, os moradores já haviam instalado energia elétrica, água, fizeram drenagem e asfaltamento de um lugar conhecido antes como um banhado.

Outra questão que indigna é o fato de que a Companhia de Habitação de Curitiba (Cohab) chegou a cobrar prestações das famílias da ordem de R$ 800, mesmo a companhia mista tendo adquirido os lotes por valor muito menor.

Por conta da valorização dos terrenos, calculada pela assessoria jurídica em 400%, os moradores sentiram-se cada vez mais pressionados e cada vez menos possibilitados a pagar as prestações, embora não queiram deixar o chão onde fincaram bandeiras e sonhos.

Usucapião coletivo

Sem possibilidade do pagamento injusto, aderiram, então, à ação de usucapião coletivo, como explica o advogado Bruno Meirinho. "A realidade comum é de que eles têm uma posse da qual poderiam fazer usucapião. A prefeitura passou a ter postura agressiva, ameaçando tirar se eles não pagarem", critica, apontando a vontade de os moradores fazerem contratos com a companhia mista, porém o metro quadrado do lote, em um comparativo, saltou do preço de R$ 90 (valores atualizados) para os atuais R$ 350.

"Em 2016, a prefeitura chamou as pessoas, os preços já haviam dobrado em relação a 2014. São contratos abusivos, estava entendido que os moradores não se recusaram a fazer os contratos. Porém, dois anos depois, com contrato mais caro, o desespero foi total. Quanto mais resistiram, mais aumentava o preço. O Ministério Público foi acionado e começou a tentar fazer mediação", aponta Meirinho.

Mudar o sistema

Vanda ainda ressalta que, desde 2006, a companhia passou a aproximar-se dos moradores. Porém, sem apresentar saídas efetivas. Houve algumas realocações de moradias próximas ao rio. Outras moradoras, no entanto, como é o caso de Vanda, não querem ser realocadas. Os critérios, afinal, não estão nítidos. "Minha casa está a 17 metros do rio, que passa por baixo da rua", relata a liderança, porém ainda não tiveram resposta a contento da companhia. E ela finaliza: "Tem que haver uma reciclagem da Cohab".

Resposta da Cohab

"*As áreas que compõem o Bolsão Formosa (Uberlândia, Formosa, São José e Canaã) apresentam diversas questões documentais complexas ainda pendentes de resolução: negociação de áreas particulares, desafetação de trechos de ruas e transferência de áreas do município. Sem a finalização* *dessas questões não há como avançar com o processo de regularização fundiária. Em reunião realizada (31/07/19) na sede da Cohab, a companhia apresentou a sua proposta: R$ 348 por metro quadrado, enquanto o valor de mercado para a região era de R$ 851 na época.*

Ao final da reunião, alguns moradores se apresentaram para formar uma comissão a fim de buscar alternativas para o impasse acerca dos valores. Ficou acordado que a comissão formada procuraria a Cohab para novas reuniões, fato que nunca aconteceu.

Não está ocorrendo nenhuma pressão para que os moradores assinem contratos, uma vez que a área ainda não foi regularizada."

B. Condições de vida nas comunidades

Polícia Militar faz incursões diárias em áreas de ocupação de Curitiba

Invasões de casas, constrangimento de moradores e denúncias de racismo são cotidianas nas áreas Britanite, Portelinha e no Parolin

9 de setembro de 2023

Pedro Carrano

Foi mais um episódio. Cotidiano. No dia 25 de agosto, uma sexta-feira, por volta das 14h, um jovem negro que reside na área de ocupação Britanite estava pronto para ir ao supermercado onde trabalha.

Ele vestia a japona do local do trabalho e já estava em seu carro, quando a PM do 13º Batalhão realizou uma abordagem, revistou o automóvel durante meia hora, atrasando a vida do trabalhador e revoltando as pessoas no local.

O contato cotidiano com grupos de Whatsapp da ocupação, que em breve completa três anos, e convive com risco de despejo forçado, leva à constatação de que as incursões da Polícia Militar são diárias na Britanite. Mais de uma vez ao dia, envolvendo Rotam, Polícia Militar, Polícia Civil e também agentes à paisana.

Com isso, em um bairro da periferia extrema de Curitiba, de urbanização irregular, moradores denunciam situações como invasão de casas, agressão de mulheres e idosos. Enfim, uma série de constrangimentos.

Sob o argumento de flagrante ou mesmo de que as ações seriam motivadas por denúncias, fato é que toda a comunidade é prejudicada. Uma mulher residente na Britanite revela à reportagem que as ações policiais permanentes prejudicam seus netos e seu pai.

"Todos os dias, de madrugada, duas a três vezes ao dia, invadem casas de pessoas acamadas, casas de idosos. A polícia entra constantemente na minha casa, mesmo sem mandado judicial, sempre oprimindo. Justificam busca e apreensão. Queremos socorro", apela.

Não se trata de uma situação limitada ao bairro Tatuquara. Lideranças populares consultadas pela reportagem apontam que a prática é comum também em áreas de ocupação já urbanizadas e consolidadas no tempo.

O risco, em um contexto local e nacional de denúncias de violência policial e racismo, como o que tem sido visto nos estados de São Paulo e Bahia, é que trabalhadores, jovens, negros e negras sigam sofrendo consequências deste assédio diário. Execuções e mortes estão entre elas.

Portelinha (Santa Quitéria) e o trauma de 2021

Militante que atua na ocupação Portelinha, existente há 16 anos, no bairro Santa Quitéria, afirma que depois do episódio de assassinato de um jovem na comunidade, em 2021, as incursões policiais se mantêm permanentes na ocupação.

Na noite do dia 6 de novembro daquele ano, o carrinheiro Eduardo Felipe Santos de Oliveira, de 16 anos, o "Zé", foi perseguido e alvejado com, no mínimo, 15 tiros, pela Rondas Ostensivas Tático Móvel (Rotam) quando, de acordo com relatos da comunidade, já se encontrava dentro da casa de uma amiga, para onde teria corrido diante do operativo.

"É tenso, ainda está na memória dos policiais, que ameaçam, de forma mais sutil, pessoas que estavam nos atos após a morte (de Eduardo Felipe). Principalmente os homens jovens sofrem isso. Recentemente, a PM não está prendendo ninguém, mas entra de madrugada ali, na parte do beco, metendo o pé na porta das pessoas, com argumento das drogas, com ameaças de tempos em tempos", afirma.

Parolin e o assédio contra mães de famílias

No bairro Parolin, no dia 2 de setembro de 2022, operação policial, comandada pela Polícia Militar, terminou com o assassinato de um adolescente de 17 anos. Um grupo de jovens foi abordado numa das ruas do bairro e apenas a vítima, de nome Dalison, permaneceu no local. Moradores relatam que o jovem não reagiu e, inclusive, levantou as mãos para o alto ao ser abordado. Seis policiais participaram da ação.

Comunidade, mães e avós naquele dia protestaram diante do que relatam como agressões diárias da corporação no local. Três anos antes, quatro jovens também foram executados na região, causando revolta, em episódio não solucionado.

"A polícia comete chacina contra a vida de pessoas pobres e periféricas. Tem a função de coibir ilícitos penais e não acabar com vidas. Vemos o problema quando, na realidade dentro das favelas, a polícia militar adentra a casa de mãe, dá voz de prisão, quando algumas equipes usam estilingue e bola de gude, ou das viaturas jogam ovo e agridem a população de rua. Sabemos que existe dentro da corporação quem honra a farda e a gente sabe que tem os corruptos", reflete liderança do Parolin procurada pela reportagem.

Números de mortes crescem

A maior preocupação vem do fato que, nos bairros periféricos e nas áreas recentes de ocupação, a violência é um problema levantado pelas comunidades. O que se soma ao preconceito e racismo contra os moradores.

"No período neoliberal, dos anos noventa até os dias atuais, a chamada política de segurança pública tem sido o principal instrumento para eliminar e encarcerar corpos negros, por meio dos aparelhos repressivos de Estado – como a Polícia Militar –, sob a justificativa de combate às drogas e de supostamente levar a paz social para os centros urbanos", analisa Beniézio Eduardo Carvalho (Beni), militante do movimento negro e da Consulta Popular da Bahia.

Em 2020, ocorreram, no Paraná, 373 mortes realizadas pela PM em operativos, o que fez do estado o sexto do país em número de mortes. O número aumentou 29% em comparação com 2019, de acordo com dados da Secretaria Estadual de Segurança Pública.

Numa curva temporal maior, de acordo com o Fórum Brasileiro de Segurança Pública, em 2012, houve 165 mortes decorrentes de intervenções da Polícia Militar no Paraná.

Já o Grupo de Atuação Especial de Combate ao Crime Organizado (Gaeco), aponta que, no primeiro semestre de 2021, houve um aumento de 14,13% em relação ao mesmo período de 2020. E aumento de 17,3% em 2022 em relação aos registros de 2021 – contabilizando ações e policiais civis, militares e guardas municipais. As principais ocorrências são em Curitiba, Londrina, Foz do Iguaçu e São José dos Pinhais.

Nos confrontos com policiais militares, 280 vítimas eram pardas e negras (58%) e 203 brancas (42%). Em relação à faixa etária, 287 vítimas em confrontos com policiais militares tinham entre 18 e 29 anos (59,42%); 166 tinham idade entre 30 e 59 anos (34,37%) e 30 tinham entre 13 e 17 anos (6,21%).

Homicídios dolosos por arma de fogo

De acordo com dados do "Monitor do uso da força letal na América Latina" – que analisou em 2019, Brasil, Venezuela, Colômbia, El Salvador e México, em alguns estados brasileiros, as mortes causadas pela polícia representam quase um terço de todas as mortes.

No Brasil, entre 2019 e 2020, a proporção de homicídios dolosos causados por agentes de segurança pública em serviço por arma de fogo aumentou 6,3% em todo o país e 20 dos 27 estados experimentaram aumento.

Nota do 13º Batalhão de Polícia Militar

Em nota, a assessoria de comunicação do 13º Batalhão de Polícia Militar, responsável pelo policiamento no Tatuquara, afirma que "A distribuição do policiamento é realizada com base em análises estatísticas criminais, bem como visando a preservação da ordem. A realização de abordagens se dá embasada em fundada suspeita, podendo ocorrer em qualquer localidade, indiferentemente de classes sociais ou região".

A corporação ainda sugere que "pessoas que se sintam hostilizadas em virtude de qualquer abordagem, procure a Corregedoria da Polícia Militar para formalização da denúncia. Ressalta-se que tais denúncias recebidas são encaminhas a autoridade policial militar judiciária para análise e possível instauração de Procedimento Administrativo, a fim de apurar fatos que não condizem com a legalidade institucional".

*Todas as identidades de moradores e entrevistados foram preservadas na reportagem.

Uso de armas não letais é feito de forma arbitrária, avalia policial aposentado

Em Curitiba, Guarda Municipal e Polícia Militar fizeram ação de despejo violenta em ocupação urbana, no dia 7

10 de dezembro de 2020

Na manhã do dia 7, a recente ocupação de terreno na Cidade Industrial de Curitiba (CIC), conhecida como "Nova Caiuá", ao lado do Centro Municipal de Educação Infantil (Cmei) Maria Do Rocio Ramina Maestrelli, resistiu a dois dias seguidos de chuvas, mas não à ação violenta da Guarda Municipal, com auxílio da Polícia Militar.

Em plena pandemia, por volta das 9 horas, as cerca de 300 famílias foram comunicadas de que teriam 30 minutos para deixar o terreno, pertencente à prefeitura. A notificação apenas verbal foi feita por um grande efetivo aglomerado da Guarda do município, que não apresentou decisão judicial ou qualquer documento.

Os moradores preferiram deixar o terreno e esperar em frente à calçada a chegada de advogado com orientações. Porém, sem permitir que voltassem para recolher seus pertences, e usando balas de borracha, bombas de gás lacrimogêneo e spray pimenta, a guarda disparou contra manifestantes. Alguns tiveram que ser hospitalizados, com ferimentos nas mãos, ombros e cabeça.

Um dos casos que mais chamou a atenção foi o de Waleiska Cristina, 21 anos, autônoma, que recebeu um tiro de bala de borracha na panturrilha e mais dois nos braços. Foram vários feridos. As marcas de tiros estavam presentes nos braços, ombros e pernas.

Martel Alexandre Del Colle, integrante da organização Policiais Antifascismo do Paraná e Policial Militar aposentado compulsoriamente pela corporação, aponta que é necessária perícia para averiguar como foi o uso de armas não letais durante ação da Guarda Municipal. Para o ex-policial, de forma geral, há arbitrariedade nas ações e no uso que as tropas fazem de bala de borracha e gás lacrimogênio, sem regulamentação, controle e responsabilização.

"A munição menos letal tem motivações e distância para ser usada. Há toda uma crítica ao uso do instrumento não letal. Que na verdade é um pretexto para não se negociar. E é totalmente desregulada, não se sabe quem atirou, quantos tiros foram dados, a munição é totalmente largada, o uso é de forma arbitrária, sem responsabilização", analisa Martel.

O que diz a prefeitura

A assessoria de comunicação social da Prefeitura de Curitiba enviou à reportagem o seguinte documento:

"É obrigação legal do município o cuidado com imóveis, equipamentos e áreas públicas.

Antes da retirada, servidores da Prefeitura dialogam pacificamente com o grupo de pessoas na área e explicam sobre o procedimento, caso a saída não seja voluntária.

Ainda, Polícia Militar e a Secretaria de Estado da Segurança Pública podem responder sobre a atuação do efetivo na situação."

Terceiro incêndio em áreas de ocupação de Curitiba ocorre em 18 meses

Moradores da vila Pantanal lamentam destruição de quatro casas e pedem solidariedade para as famílias

5 de dezembro de 2023

É duro morar na Vila Pantanal. Como um mosaico, a comunidade tem de tudo um pouco. Concentra todas as situações vividas pela classe trabalhadora. Da luta e conquista da casa própria à precarização das condições de vida.

Localizada no bairro Alto Boqueirão, na divisa com São José dos Pinhais, é possível cruzar o caminho de moradores e carrinheiros fazendo longas caminhadas por estradas de terra para chegar até a comunidade.

Casas construídas e focos de regularização convivem ao lado de barracos de madeira na proximidade da Área de Preservação Ambiental (APA) do Iguaçu. Calçamento de pedras convive ainda com muitas ruas de terrão e ausência de saneamento básico.

Foi nesse local de ocupação, com ausência de infraestrutura, que ontem à noite (4) ocorreu incêndio, iniciado possivelmente durante a queima de materiais em um barracão de carrinheiros e que alcançou quatro casas. Cinco pessoas perderam tudo e foram recebidas pela igreja local. Os materiais recicláveis acumulados por carrinheiros também foram perdidos.

No espaço de um ano e meio, é o terceiro incêndio que afeta áreas de ocupação em Curitiba. No mês de maio de 2022, Curitiba teve dois focos que se espalharam em comunidades periféricas sem regularização fundiária. Uma delas é a vila Harmonia, na Cidade Industrial, a outra é o Morro do Sabão, no Parolin. O que é revelador dos desafios por uma política de regularização fundiária.

Moradores criticam a prefeitura de Curitiba, regional Boqueirão e a Copel por suposta má assistência no dia seguinte ao incêndio. Exigem a presença de uma retroescavadeira para retirar o entulho queimado nos terrenos. Criticam também ausência de donativos. Porém, prefeitura e FAS apontam que entregaram na manhã de hoje cestas básicas, cobertores e crédito no Armazém da Família.

Tristeza

Ariel dos Santos, carrinheiro, vive há três anos na comunidade. Seu desespero circulou em vídeos pelas redes sociais ainda na noite de ontem.

Ele seguia desolado desde a noite anterior com a situação, afirmando que perdeu casa mobiliada e roupas. Aponta que a pessoa que teria ateado fogo aos materiais não é morador da Pantanal, apenas trabalha ali. "A gente avisou que não pode colocar fogo nas coisas, tão perto das casas", protesta.

Solidariedade entre a classe trabalhadora

A associação de moradores da vila Pantanal, que retomou os trabalhos recentemente, construindo uma cozinha comunitária que atende três vezes por semana a comunidade, com 200 refeições, colocou sua estrutura em apoio às famílias, além de solicitar a arrecadação de cobertores, alimentos, móveis e materiais de construção.

As lideranças da cozinha comunitária, da Frente de Organização dos Trabalhadores (FORT), a campanha Despejo Zero e o mandato de Giorgia Prates (PT) estiveram no local prestando solidariedade às famílias.

Com fortes chuvas, comunidades de Curitiba enfrentam cheias já em dezembro

Áreas sofrem com falta de políticas públicas, investimentos e diálogo entre prefeitura e comunidades
8 de dezembro de 2022

"*Não aceiteis o que é de hábito como coisa natural*"
Bertolt Brecht

Daniel Igor da Silva e Richard Junior são jovens lideranças da ocupação 29 de janeiro, no bairro Uberaba, em Curitiba, que reúne 73 famílias e está para completar um ano. Trata-se de uma área extensa, entre a BR-277, ao lado do Rio Iguaçu.

Junto com a preocupação com o direito à permanência das famílias no local, a força das chuvas de dezembro traz o problema da cheia na frente de várias casas. Na verdade, é pior que isso: "A chuva traz cobras para dentro de casa, além do risco de leptospirose devido aos ratos no local", afirma Silva.

O acúmulo de chuvas neste ano, que leva a inundações em áreas de ocupação de Curitiba, não pode ser visto como um problema natural. Isso porque a prefeitura de Curitiba teve tempo, desde as chuvas de janeiro, de pensar uma política para atender bairros, caso da Cidade Industrial, Parolin e o próprio Uberaba, entre outros exemplos. Lideranças ouvidas pela reportagem atestam falta de políticas preventivas para essa situação.

Desânimo das comunidades

Na Vila Harmonia, localizada ao lado do rio Barigui, a liderança local, Emilie Ribeiro da Silva, informa que entrou água em duas residências e chegou até a porta de sua casa. Vídeos recebidos pela reportagem mostraram ruas alagadas na região, que fica na Cidade Industrial (CIC).

Em comum entre os vários relatos está a ausência de canais de comunicação com a gestão municipal. "Eu desanimei, é muita burocracia", desabafa Emilie.

Outra moradora, Camila, informa que a água chegou à beira da sua residência, revelando a situação de apreensão vivida a cada chuva.

No Uberaba, Daniel Silva afirma que as cheias podiam ser resolvidas com a retomada de canal ao lado da comunidade, além de política de limpeza do rio. Entre ofícios e tentativas de agendamento de reuniões com prefeitura e regional, o jovem contabiliza doze tentativas sem êxito.

"Falta estrutura pelo município, a comunidade vem sendo alagada, devido à não limpeza do rio que corta a comunidade. Temos uma solicitação à prefeitura aberta desde setembro", protesta a liderança.

Fabrício Rodrigues, presidente da Associação de Moradores e Amigos da vila Maria e Uberlândia, no Novo Mundo[9], também aponta preocupação no sentido de que as cheias do rio estão chegando ao limite, mesmo com obras já realizadas na região. Reclama de ausência de um plano de contingência e emergência para o bolsão Formosa, pedido que já foi registrado.

[9] Cuja gestão foi encerrada em 2023 e o novo grupo vencedor da associação de moradores simplesmente encerrou suas atividades.

Cheias no Parolin

No bairro Parolin, localizado na bacia do Rio Guaíra, além de ser um cenário marcado por violência policial, a comunidade também convive nesse período com o problema dos alagamentos.

Andréia de Lima, liderança comunitária e ex-candidata a deputada estadual em 2022, mora exatamente ao lado do projeto de canal extravasor do Rio Guaíra, obra iniciada em 2018, que carrega as cheias, mas está incompleta e gera reclamações entre o povo da região. Constantemente, a casa de Andréia é alagada.

Resposta da prefeitura

"(...) *As chuvas volumosas dos últimos dias, em curto período de tempo, fizeram com que alguns rios ultrapassassem seu limite, ocasionando pontos de transbordamento com alagamentos pontuais na cidade. Na maioria dos pontos com registro de alagamento as águas dissiparam assim que a chuva cessou, demonstrando a capacidade do sistema de drenagem da cidade.*

(...) *Para prevenir alagamentos e minimizar os impactos das fortes chuvas, a prefeitura de Curitiba desenvolve o programa Curitiba Contra as Cheias, executado pela Secretaria Municipal de Obras Públicas, através do Departamento de Pontes e Drenagem. São obras de macrodrenagem que aumentam a capacidade de extravasamento de rios e córregos e ajudam a capacidade de a rede suportar grandes precipitações.*

Também para reduzir os impactos das fortes chuvas são realizados serviços constantes em galerias, canalizações, perfilamento de rios, reservatórios de contenção de cheias e limpeza de rios e córregos. Um conjunto de ações para minimizar o impacto das fortes chuvas e garantir segurança à população.

(...) *A instabilidade no regime de chuvas, após grande período de seca na região Sul, tem relação direta com as mudanças climáticas. O município tem uma série de ações para conter a emissão de gases que causam o aquecimento do planeta e de resiliência em relação às mudanças, como é o caso dessas obras para minimizar o impacto das cheias e programas como a Reserva Hídrica do Futuro. Além da destinação correta de resíduos sólidos, que conta com participação direta da população.*

No bairro Parolin, trata-se de uma tubulação paralela ao canal para aliviar a microdrenagem, com a execução dos serviços em andamento. A intervenção na Bacia do Rio Pinheirinho segue em andamento, com resultados positivos em micro drenagem para minimizar os alagamentos na região. Chuvas acima da média, que ultrapassem a capacidade de vazão dos córregos em Curitiba, tendem a ocasionar o extravasamento. Porém, são situações que voltam à normalidade rapidamente, devido a resposta do sistema de drenagem da cidade.

Para a Vila Barigui estão programadas ações de limpeza do canal da Vila Barigui. Na Ocupação 29 de Janeiro, no Uberaba, a Secretaria Municipal de Obras Públicas fará uma análise do local para obter dados em relação ao domínio da área e avaliar se os cursos das águas não foram obstruídos ou bloqueados por residências, podendo ser a causa dos alagamentos.

Em Curitiba, há comunidades sem água (e outras com inundações)

"Foi preciso muito balde d´água" protestam moradores da ocupação Dona Cida

16 de dezembro de 2022

Doze dias sem água. Entre chuvas e sol. Entre carregamentos de baldes a partir da solidariedade oferecida pela associação de moradores vizinha.

Este é o relato dos moradores da ocupação Dona Cida, localizada entre a Cidade Industrial de Curitiba e bairro São Miguel, no complexo de quatro ocupações organizadas entre 2012 e 2015, ao lado do aterro sanitário da empresa Essencis.

Ontem, finalmente moradores da ocupação voltaram a ter acesso à água depois de doze dias, de acordo com relatos. Apesar de a Companhia de Saneamento do Paraná (Sanepar) ter encontrado o foco do problema por parte da empresa pública, três lideranças relatam que a principal questão foi a falta de canais, retorno e agilidade da empresa.

"A Sanepar arrumou o cavalete e descobrimos o que havia acontecido. Problema no manilhamento e vazamento interno. Mas, antes disso, ficávamos ligando pra Sanepar e nunca vinha resolver. Sorte que tem banheiros comunitários, as pessoas pegavam água na sede (da associação), a partir da solidariedade. Se tivessem resolvido logo, não teríamos tido tantos problemas", critica Juliana Almendro, liderança da Dona Cida.

Ao dar o depoimento à reportagem, ainda no domingo (10) essas lideranças locais já estavam no auge do desespero e do esgotamento com a lentidão do poder público.

"Como mãe e filha da comunidade, não estamos mais levando pra escola porque não temos roupa, uma falta de pouca vergonha", afirma "Polaca", moradora da região, que preferiu não se identificar.

Ao fim e ao cabo, como sempre acontece, prevaleceu a solidariedade no bairro. Assim mesmo, os problemas e impactos se acumularam sobre a vida das pessoas. "Estamos há oito dias sem água. Estamos pegando na sede da ocupação 29 de Março para comida e banho. Tem um lixão aqui perto. Não tem como ficar lavando. Temos pessoas acamadas e não tem como puxar água (...) Nunca chega no dia, sempre tem uma desculpa", afirmou Juliana.

Risco de privatização

Por sua vez, procurada pela reportagem, a Sanepar, por meio da assessoria de imprensa da companhia, informa que: "Uma representante dos moradores entrou em contato com a empresa e que o problema já está resolvido".

Consultorias e empresas ligadas ao mercado financeiro têm apontado a tentativa de privatizar companhias de energia e saneamento nos estados. Esse cenário se deve ao exemplo do que aconteceu recentemente com a Copel, quando o governo Ratinho Jr, apesar de promessas contrárias na campanha, pulverizou o controle ordinário da companhia de energia, oferecendo ao mercado um patrimônio que deveria ser público.

As estatais de água e energia de São Paulo, Minas Gerais e Paraná, entre outros, têm sido foco desses analistas. No caso da Sanepar, alguns sites consultados apontam que ainda não veem sinalização de privatização da companhia. No entanto, casos como a ausência de água na Cidade Industrial de Curitiba podem apontar precarização dos serviços justamente como pretexto para a privatização.

A manobra de agentes do mercado é compreensível dentro da ideia de que o governo federal de Lula deve representar um freio nas privatizações levadas a cabo com força no governo Bolsonaro. O governo Bolsonaro pulverizou ações da Eletrobras, privatizou setores da Petrobras, iniciou privatização da gestão dos portos brasileiros e ameaçou privatizar os Correios, reduzindo, com isso, a capacidade de investimento público do Estado.

Dona Junia, da vila Joanita: a verdade com a verdade

Em tempos de crise, mulher negra liderança da vila Joanita, em Curitiba, oferece lição de educação popular
25 de novembro de 2021

Uma antiga chácara de mato alto foi sendo desbravada pelos moradores.

Construíram toda a estrutura: água, luz e itens de urbanização, até a inconstante e breve aparição do poder público. Em 1992, a posse da área foi cedida para alguns moradores por Joanita Rosa da Silva, fundadora que acabou batizando a comunidade, a Vila Joanita, no bairro Tarumã, em Curitiba.

A narrativa comum em tantas áreas de Curitiba, tem a diferença que a Joanita se inscreveu no clube das comunidades que se mobilizam e agem pelos seus direitos.

Uma das responsáveis por esse difícil título é Junia da Costa Carneiro, 57 anos, oito netos e cinco filhos. Dona Junia, como é conhecida, é a presidenta da associação de moradores, desde 2014, em uma direção, como diz, composta por mulheres.

Ela nasceu no Maranhão, de avós indígenas e negros, o que desde cedo lhe enraizou na luta pela terra e contra a exploração. Mais tarde, morou em Brasília, onde se inspirou no exemplo de Benedita da Silva, deputada federal negra e ex-governadora do Rio de Janeiro, até aportar numa Curitiba que também exigia lutas.

A liderança conversa com a reportagem, entre o cuidado com netos e bisnetos, enquanto organiza a correspondência que chega apenas em sua casa para a comunidade de 300 famílias. Envolve-se também com as questões do colégio estadual Paulo Leminski e, no meio de tantas tarefas, ainda proseia com a calma, segurança e firmeza.

No período de Copa do Mundo, em 2014, foi quando as lutas se intensificaram. Foi ali que sua militância cresceu, com o apoio do Núcleo Periférico e do atual vereador Renato Freitas (PT), uma vez que o presidente da associação, à época, não se envolveu nas brigas por regularização fundiária.

"Os técnicos da Cohab não se comunicam com o povo, o povo quer saber se vai ficar ou sair do local. Não temos uma secretaria municipal de habitação, é o morador quem valoriza o local", afirma, ressaltando a atual ausência do poder público sobre o tema da moradia, que para ela é central na região, assim como o asfalto e a drenagem contra enchentes.

Responsabilidade e envolvimento

Na condição de liderança popular em um momento de difícil mobilização, devido à crise econômica, falta de trabalho e também à cultura de não participação, pode parecer que Junia carrega nos ombros toda a carga da comunidade. Mas a realidade está longe disso. Ela incentiva as iniciativas dos moradores, mesmo aquelas com as quais não concorda, desde que haja organização e responsabilidade com o que se está propondo.

"Quando alguém sugere a vinda de um vereador, eu pergunto: 'O que vocês querem de um vereador? Como vão se preparar?'. Se há um coletivo de moradores, o vereador se comporta de outra maneira. 'Há um projeto? Quem é o engenheiro?' Temos que falar verdade com verdade", ensina.

Ela avalia que a parceria com os movimentos populares, caso do Movimento dos Trabalhadores Rurais Sem Terra (MST), fortalece a caminhada da associação. Mas advoga por mais integração entre as próprias associações de moradores, muitas das quais hoje debaixo da asa do prefeito Rafael Greca (DEM).

Outra questão é a pressão sobre a Câmara Municipal. A associação deve acompanhar as pautas e, literalmente, ocupar a casa, que ainda não é do povo – como Junia fez, ao lado de outras personalidades negras, homenageadas no Dia da Consciência Negra pelos mandatos de Renato Freitas, Carol Dartora (PT) e Herivelto Oliveira (Cidadania).

"Estou passando aqui para deixar um legado: tem que estudar, entender de licitação, ser um formador na comunidade", defende.

Nota da Companhia de Habitação sobre a Vila Joanita

"*A área conta com restrições ambientais - a maior parte das famílias encontra-se na faixa não-edificável imprópria para habitação. Existe a previsão para o reassentamento de boa parte das famílias para a realização de uma obra de drenagem e contenção de cheias a ser implantada pela Secretaria Municipal de Obras Públicas (SMOP).*"

C. Experiências organizativas e comunitárias

Moradores de ocupação de Curitiba arrecadam recursos para construir centro cultural

As famílias da vila Pontarola, no bairro Tatuquara, já ergueram parte do barracão para atividades culturais com crianças

12 de junho de 2024

Centro Cultural Pontarolla

No bairro Tatuquara, em Curitiba (PR), ao lado da reserva municipal do Bugio, no limite da capital paranaense com as cidades de Araucária e Fazenda Rio Grande, há iniciativas sendo feitas em prol das crianças e de uma comunidade.

A Pontarolla fica localizada no Tatuquara, na periferia extrema da cidade, com cerca de 90 famílias. A maior parte das reivindicações para a ocupação são relacionadas à infraestrutura e assistência em serviços básicos pelo poder público.

No entanto, no último período o local, com mais de oito anos, tem sofrido pressão da Cohab, justamente classificando a área como de preservação ambiental, uma vez que está no interior da reserva.

A ideia se inspira em experiências organizativas recentes, caso do barracão e do reforço escolar da vila União.

Agora, a comunidade quer avançar na construção de um centro cultural, com apoio da Frente de Organização dos Trabalhadores (Fort), do padre Redentorista Joaquim Parron – reitor do Santuário Perpétuo Socorro em Curitiba.

A ideia se inspira em experiências organizativas recentes, caso do barracão e do reforço escolar da vila União e da Pantanal. O objetivo imediato das mulheres na comunidade é fortalecer o trabalho cultural com as crianças. "Queremos um sábado de leitura para as crianças e café da tarde para todas as crianças que estiverem no local", explica Juliana.

Cozinhas populares: um exercício de luta por direitos e organização popular

Treze cozinhas comunitárias hoje recebem apoio e doações do coletivo Marmitas da Terra

4 de agosto de 2022

Cozinha Comunitária

No dia 2 de agosto, uma reunião entre 13 cozinhas comunitárias, organizadas por movimentos sociais e entidades, em Curitiba e região metropolitana, aconteceu no alojamento do Movimento dos Trabalhadores Rurais Sem Terra (MST) e foi um resumo do que os/as trabalhadores/as viveram desde o início da crise econômica e da pandemia: na encruzilhada entre a fome e a solidariedade de classe.

Desde maio de 2020, o MST criou o coletivo chamado Marmitas da Terra, que é um verdadeiro caldo de misturas de experiências de organização popular, via preparo de marmitas para a classe trabalhadora. O coletivo, semanalmente, produz mais de 1100 refeições, distribuídas nas ruas e em áreas de ocupação.

"Não estamos fazendo caridade, aqui fazemos a solidariedade de classe", afirmou Marco Antônio, um dos coordenadores da iniciativa.

Nesse espírito, o coletivo tornou-se um incentivador, fornecendo para organizações enraizadas nos bairros apoio, doações e insumos, cerca de 13 toneladas de alimentos produzidas apenas no assentamento Contestado (Lapa – PR). Esse ombro amigo fortaleceu e inclusive ajudou a criar experiências de cozinhas comunitárias e populares.

Na noite de doação de oito toneladas de arroz da empresa Raízes da Terra para as comunidades, Juliana de Souza, militante da União de Moradores e Trabalhadores (UMT) ressaltou que, até agosto de 2020, recebiam marmitas prontas, porém houve o incentivo para montar uma cozinha semanal, hoje localizada na Vila Maria e Uberlândia, região do bolsão Formosa, na periferia de Curitiba.

Agora já são duas cozinhas na região, uma delas noturna, na vila Formosa, voltada para carrinheiros e moradores em situação de rua. "A partir das cozinhas, nos capacitamos, fizemos cursos, de manipulação de alimentos a comunicação popular", ressalta Juliana. Parcerias ainda são feitas nessa caminhada, como ressaltou o coordenador da cooperativa de carrinheiros Novo Amanhecer, localizada na Cidade Industrial, Antônio de Jesus Cardoso de Lima Filho.

Iniciativas de organização popular e combate à fome

A fome se alastra no Brasil de Bolsonaro. Passou de 19 milhões para 33,1 milhões de pessoas em pouco mais de um ano. O que força a população à busca de ossos, ameaça de romper vidraças de mercados, cada vez com os itens básicos mais caros. Causa desespero nas casas e nos sinaleiros.

Se o atual governo desde o início não dá saída para essa situação trágica, por outro lado a classe trabalhadora se organiza em meio à grave crise social. É o caso do Grupo Afro Cultural Kanaombo, que recentemente retomou suas atividades que envolvem a produção de uma cozinha, no bairro Sítio Cercado, zona sul de Curitiba. Vera Paixão, coordenadora do grupo, afirma que ou o povo "se movimentava ou então a gente morria", diz.

Outra experiência importante é a da Casa de Passagem Indígena, espaço conquistado há oito meses, a partir de lutas. De acordo com Silas Ubirajara Donato De Oliveira, a produção alimentar na casa envolve produção e cultura próprias do modo indígena. A pandemia afetou cada comunidade, explica, "Houve tentativa de impedir o trânsito das pessoas de uma cidade a outra para venda de produtos". Hoje, a Casa abriga cerca de 60 pessoas, entre adultos, crianças e idosos e em média quatro novas famílias a cada semana.

Fome na rua

Dirigente do Movimento Nacional da População em Situação de Rua (MNPR), Leonildo José Monteiro Filho, aponta as dificuldades de uma população que aumenta, depara-se com a ausência de direitos básicos, e ainda sofre com o fato de a própria doação muitas vezes não ser saudável e de qualidade.

"Na rua, eu não chego a sessenta anos. Mas a gente sobrevive até hoje. Não podemos acessar a saúde por falta de comprovante de endereço, não podemos ter um direito básico por falta de comprovante. A rua tá cansada de ser enganada. Muitos domiciliados estão indo para a rua, já são mais de 12 mil moradores de rua no Paraná", afirma.

D. Pautas e demandas

Quais são algumas das pautas das mulheres entregues ao governo do Paraná?

Documento foi elaborado por trabalhadoras do campo e da cidade para os atos dos dias 7 e 8 de março

8 de março de 2023

Foto: Juliana Barbosa

No dia 7 de março, cerca de 1500 mulheres das ocupações urbanas, de ocupações do movimento indígena e do MST realizaram a marcha por Terra, Teto e Trabalho, levando a bandeira contra despejos forçados.

Ao lado das pautas gerais e nacionais do Dia Internacional da Mulher, e da luta contra os despejos nas comunidades, o ato no Paraná contou com a construção coletiva de um programa relatando os principais problemas e as exigências nos territórios.

O programa popular foi levantado pelas mulheres de cada área de ocupação. Em mais de dez páginas, contém as denúncias e ao mesmo tempo os anúncios do que as trabalhadoras já lutam para a melhoria de suas comunidades.

Depois da marcha e ato do dia 7 de março, movimentos populares e comunidades negociaram essa pauta com órgãos públicos, caso do Tribunal de Justiça, Superintendência Geral de Diálogo e Interação Social do governo do estado (Sudis); Incra/PR; Ministério Público Estadual (MP/PR), além parlamentares e prefeitos.

Quais são as lutas?

Como contexto, a pauta construída pelas mulheres, todas elas organizadas na campanha Despejo Zero, aponta a relação direta entre a ausência de políticas de moradia no Brasil e o impacto sobre mulheres, trabalhadoras e mães de famílias.

"A Fundação João Pinheiro reconhece que o deficit habitacional brasileiro é uma questão de gênero, que acomete principalmente as mulheres. Dados de 2021 mostram que 15 milhões de moradias informais são ocupadas por mulheres, número que representa 60% do total desses lares no Brasil", informa o documento.

Essa situação tem consequências na capital paranaense, onde ficam ao menos doze ocupações recentes do período da pandemia, que integram a articulação Despejo Zero. A falta de investimentos no setor é gritante. A Cohab e outras ferramentas, simplesmente estão inativas: "Não chega nem a 1% (do orçamento municipal), deixando evidente a falta de comprometimento em enfrentar a crise habitacional na capital, marcada por mais de 350 espaços e ocupações de moradia irregular ou inadequada", afirma o texto.

Reivindicações

Uma das pautas coloca a exigência do "Acesso à energia elétrica equivalente à demanda das comunidades e ocupações tendo como referência a recomendação da nota técnica do MP 01/2019 para as comunidades rurais. Levando em conta a perda material das famílias com a instabilidade da rede e a segurança das mulheres".

Os outros eixos do documento passam por moradia, educação, enfrentamento à violência contra as mulheres, trabalho e renda. No tópico moradia, fica nítida a necessidade de retomada de programas para a área, caso do Minha Casa, Minha Vida. À diferença de períodos anteriores e dos dois primeiros governos de Lula, os movimentos populares pedem agora mais participação na construção dos empreendimentos:

"Participação popular na elaboração de plantas de unidades e conjuntos habitacionais, para que atendam às demandas práticas e culturais (quantidade de quartos, espaço adequado para realização das atividades domésticas, espaço de lazer seguro para as crianças, etc.) ao invés de serem um tipo único voltado apenas à economia e lucro das construtoras".

Problemas cotidianos

Entre as questões que podem ser chamadas de cotidianas em relação aos serviços públicos, estão: "Permanência do sistema escolar, acesso à material, acesso ao atendimento do SUS de qualidade, com direito ao cadastro na Unidade Básica de Saúde mais próxima à comunidade; acompanhamento por Agentes Comunitárias de Saúde dentro da comunidade".

O elemento educativo e de condições para planejamento familiar também é elencado, por meio de "campanha educativa sobre prevenção de gravidez", planejamento familiar; incentivo à vacinação são outras questões que, quem vive e acompanha as áreas de ocupação, sabe que são lutas diárias do povo.

No campo, direitos para mais de 20 mil pessoas

As mulheres do Movimento de Trabalhadores Rurais Sem Terra (MST) do Paraná também apresentam, no mesmo documento, uma lista de demandas que envolve, em especial, a exigência de regularização e assentamento das áreas que ainda, após anos ocupadas, vivem dias de insegurança e risco de despejos.

As mulheres do MST levaram na pauta a demanda de 80 imóveis, todos eles com comunidades já enraizadas. "Todos já com comunidades consolidadas e estruturadas. As ocupações têm em média de 10 a 15 anos, sendo algumas com mais de 20 e até 30 anos. São cerca de 7 mil famílias, mais de 20 mil pessoas, entre mulheres, homens, idosos, crianças, adolescentes e pessoas com deficiência".

Para romper o preconceito ainda existente com a agricultura familiar, o programa popular ainda segure: "Que sejam pensadas campanhas de combate à violência no campo e a estigmatização dos integrantes de movimentos populares que fazem a luta pela terra e por moradia, inclusive no âmbito do sistema de justiça e dos poderes executivo e legislativo".

Despejo Zero: ato reúne quatro mil manifestantes em Curitiba

Manifestação aconteceu naquinta (23), no Centro da capital paranaense
24 de Junho de 2022

Foto: Juliana Barbosa

Cerca de quatro mil pessoas de comunidades e áreas de ocupação participaram de ato da Campanha Despejo Zero, no Centro de Curitiba, no dia 23. A manifestação concentrou sete movimentos populares, áreas indígenas e diversas áreas do campo com risco de despejo.

Depois do ato, representantes do movimento participaram de negociação em que estavam presentes a Defensoria Pública do Estado, na figura de João Victor Longhi, governo do Estado, advogados populares, o padre Valdecir Badzinski, da diocese de Guarapuava e secretário Executivo da Confederação Nacional dos Bispos do Brasil (CNBB), além da Comissão de Direitos Humanos da Assembleia Legislativa do Paraná (Alep).

Participaram da mesa também com os movimentos populares representante da Comissão de Soluções Fundiárias e Roland Rutyna, da Superintendência Geral de Diálogo e Interação Social (Sudis).

Foram entregues dossiês com a memória e registro do processo de cada comunidade, bem como uma carta geral de reivindicações por nenhum despejo e garantias às diferentes áreas de ocupação.

Compromissos

Comitiva de órgãos estaduais vai a Brasília informar e defender junto ao Supremo Tribunal Federal (STF) que siga mantida a orientação contra despejos forçados no período.

Representante do desembargador Fernando Prazeres comprometeu-se a levar para cortes superiores e para o ministro do STF, Luís Roberto Barroso a situação e demanda das comunidades. Falou em parceria com a situação das pessoas e dos movimentos populares.

"Se não houver área para realocação, que não aconteça o despejo forçado. O direito à terra e a realocação deve ser levado a sério", afirmou Rafael Moura, do Ministério Público. O MP deve fazer nota técnica junto aos promotores para que, em caso de despejo inevitável, haja realocação e garantias de condições.

Recordou decreto estadual do presidente do Tribunal de Justiça do Paraná que não permite despejos em período de pandemia, reforçando os mecanismos locais de prevenção.

Já o padre Valdecir Badzinski ressaltou a unidade entre órgãos públicos para encontrar soluções. "Eram distantes os movimentos sociais, o executivo, o judiciário. Vamos lutar juntos por dias melhores, por justiça, por Terra, teto e trabalho", afirmou.

O objetivo, na sistematização de Roberto Baggio, integrante da direção nacional do Movimento dos Trabalhadores Sem Terra (MST), é não haver nenhum despejo no estado. Ressaltou o aspecto positivo de o estado do Paraná levar para o STF, na figura do ministro Barroso, essa recomendação.

Em reunião, campanha Despejo Zero Paraná consegue comprometimento do governo federal com "Ouvidoria Urbana" nacional

Organizações populares e 35 ocupações pressionam por Diretoria de Mediação e Conciliação de Conflitos Urbanos

2 de fevereiro de 2024

Audiência entre representações de 35 áreas de ocupações, 26 delas na região metropolitana de Curitiba, além de Londrina e Palmas, no Paraná, totalizando 8324 famílias e nove cidades, e o poder público, iniciou um ano de 2024 que será marcado por organização popular e pressão sobre o Estado.

O espaço de diálogo contou com a presença de Roland Rutyna, da Superintêndencia-Geral de Diálogo e Interação Social (Sudis), do governo do Paraná, de Marcelo Fragoso, da Secretaria Nacional de Diálogos Sociais e Articulação de Políticas Públicas, que integra a Secretaria-Geral da Presidência, com participação online, bem como Rodrigo Grochoski, da Companhia Nacional de Abastecimento (Conab – PR). Representante do Ministério Público, de representante da prefeitura de Pinhais, ao lado da vereadora Giorgia Prates (Mandata Preta - PT) compuseram a mesa de diálogo.

A composição da mesa teve ainda a presença do Padre Redentorista Joaquim Parron, liderança do Santuário Perpétuo Socorro de Curitiba, quem reforçou a organização popular como marca principal da campanha Despejo Zero:

"Nos últimos quatro anos estivemos resistindo. Quantos despejos nós seguramos? Para regularização fundiária urbana e rural temos que reunir e fazer esse barulho e resistência, para conquistarmos de fato o direito à moradia", afirma Parron.

Medidas concretas

A ideia neste episódio de negociação da campanha Despejo Zero no Paraná foi fazer um ato com integrantes das coordenações dos movimentos populares e comunidades. Ao lado disso, foram mobilizados dois ônibus de movimentos urbanos, um da Frente de Organização dos Trabalhadores (FORT) e um do Movimento Popular por Moradia (MPM), trazendo as situações urgentes de áreas como Pontarolla e Tiradentes II.

Na pauta, Britanite, Graciosa, vila Domitila e Independência Popular também são áreas com riscos de despejos forçados e motivo de preocupação.

Foi entregue o dossiê da situação da comunidade Fortaleza, na Cidade Industrial, em área em que o poder público financiava um barracão abandonado.

A reunião saiu com comprometimentos concretos, assinados em ata pelas autoridades presentes. Foram eles:

1 – O compromisso de nenhum despejo forçado no período até março, quando haverá nova rodada de negociação. Em

especial, o caso de Pinhais, a prefeitura comprometeu-se a não demolir mais nenhuma casa e abertura à apresentação de projeto de regularização fundiária;

2 – O governo federal comprometeu-se a avançar na proposta da Ouvidoria Urbana;

3 – Fortalecimento das cozinhas solidárias/comunitárias, que nesta semana receberam alimentos do Programa de Aquisição de Alimentos (PAA) em sete comunidades e a ideia é ampliar;

4 – Sudis se comprometeu a realizar um mapa digital das áreas no Paraná;

Pauta nacional

A proposta da Ouvidoria Urbana, também chamada de Diretoria de Mediação e Conciliação de Conflitos Urbanos, é explicada pelos movimentos urbanos da seguinte maneira:

"Que ela estabeleça mesa de diálogo bimensal permanente entre os movimentos populares urbanos e as Prefeituras, governos estaduais e governo federal, com o intuito de encontrar soluções adequadas aos conflitos fundiários urbanos através de políticas públicas e/ou disponibilização de áreas".

Já Marcelo Fragoso contextualizou, no mesmo dia em que houve nacionalmente a posse de Flávio Dino para o STF e Ricardo Lewandowski para o Ministério da Justiça, que se faz necessária uma articulação entre Ministério das Cidades e da Justiça no sentido da prevenção e conciliação contra despejos. "Não tem como estabelecer um prazo, mas tem como estabelecer um compromisso (do governo)", afirmou Roberto Baggio, do MST.

Representação e ausências

Depois de muita pressão popular, foi a primeira vez na história das negociações que Eduardo Pimentel, secretário de Estado das Cidades do Paraná e vice-prefeito de Curitiba, enviou representação. Ainda assim, a presença de um representante foi apenas na condição de "assessor ouvinte", nesta que é a sétima rodada de negociações entre poder público e áreas de ocupação.

Cohab e prefeitura de Curitiba e gestões municipais de Colombo, Araucária, São José dos Pinhais, Campo Largo, Campo Magro seguem devendo participação.

Mais de 140 mil famílias enxergam em Bolsonaro aumento do risco de despejo forçado

Durante a pandemia, 21 mil crianças e mais de 20 mil idosos foram despejados de suas moradias

25 de Outubro de 2022

Patricia Renata é trabalhadora em serviços gerais e possui carteira assinada. Já o marido é montador de móveis autônomo que sofreu com a queda nos pedidos durante a pandemia. Mãe de um bebê de um ano e de uma jovem de 15, a trabalhadora aderiu à recente ocupação Independência Popular, em Curitiba, no dia 7 de setembro, mesmo num momento de incerteza. "Um pouco de medo, mas a gente teve que arriscar porque estava difícil e decidimos lutar e conseguir nosso espaço", admite.

Essa é a situação de 142 mil famílias brasileiras, no campo e na cidade, que sofrem risco de despejo a partir do começo de novembro. Isso porque acaba em 31 de outubro o prazo da orientação do Supremo Tribunal Federal (STF) que impede a realização de despejo forçado durante a crise social e sanitária da pandemia.

O imprevisível resultado até aqui das eleições no segundo turno, dia 30, também traz insegurança. Afinal, o histórico do governo Bolsonaro mostra a realização de despejos durante o período da pandemia. Só no Paraná, 1.600 famílias foram despejadas desde 2020. No Brasil, foram 31.421 famílias até maio de 2022, de acordo com dados da campanha nacional Despejo Zero.

Pessoas reais

Mais que números, pessoas. Pessoas reais. Diante do desemprego e do aumento do custo de vida, muitos não conseguiram quitar o aluguel e tiveram que partir para áreas de ocupação. Houve registro de aumento de 655% no número de famílias ameaçadas de perder sua moradia desde o início da pandemia.

Neste período, entre o número total de pessoas afetadas pela falta de solução dos órgãos públicos, é chocante perceber que 21.492 crianças foram despejadas e mais 20.990 pessoas idosas. São Paulo, Amazonas e Pernambuco foram os estados com maior incidência do risco de reintegração de posse.

No estado mais industrializado do país, São Paulo, ocorreram 6.279 despejos, com toda a violência que essa situação implica. O aumento do número de ações em meio à pandemia chegou a 79%, número baseado na ausência do pagamento de aluguéis e financiamentos.

Veto de Bolsonaro

Durante a pandemia, a Lei nº 14.216 e a ADPF nº 828, ao lado de outras decisões, determinaram suspensão de despejos. Aprovada pelo Congresso, a lei que proíbe despejos foi vetada por Bolsonaro.

Porém, o Congresso derrubou o veto. A lei valeria até o fim de 2021, mas o prazo foi postergado para 31 de março por decisão do Supremo. Mais tarde, o ministro Luís Roberto Barroso estendeu até 30 de junho a vigência de lei. Com mobilizações sociais em todo o país, Barroso prorrogou novamente sua vigência, até 31 de outubro, tendência que segue até o final do ano de 2022.

Sem alternativa

A história de Francisco Abraão, morador com esposa e filho na ocupação Independência Popular, é comum a quem já viveu a realidade do despejo, pois não tinha condições de pagar o aluguel.

"Eu estava na Electrolux, terceirizado, fui mandado embora, o aluguel estava apertado, para mim e para minha família", afirma Abraão, que hoje fabrica churrasqueiras artesanais ao lado de um amigo. Ele e a companheira aderiram à nova ocupação, mesmo já tendo experiência de despejo forçado na Cidade Industrial de Curitiba (CIC). "Os policiais chegaram de madrugada dando chute na lona", recorda.

Falta de política para moradia

A busca por áreas de ocupação entra em contradição com um urbanismo excludente e com a ausência de políticas públicas na área. Levantamento da Fundação João Pinheiro, adotado pelo governo federal desde 1995, aponta a existência de cerca de seis milhões de pessoas sem moradia no Brasil, com dados de 2020.

Entre as pessoas que demandam um teto para viver, 1,5 milhão vivem em moradias precárias, 1,3 milhão moram com outras famílias e 3 milhões sofrem com o preço do aluguel. Já o governo Bolsonaro cortou 98% dos recursos para a produção de novas unidades habitacionais para a faixa direcionada a famílias com renda de até R$ 1.800, que compõem a maior parte do deficit habitacional do país. Os dados são da campanha Despejo Zero.

Só no Paraná, 1.600 famílias foram despejadas desde 2020. No Brasil, foram 31.421 famílias até maio de 2022, de acordo com dados da campanha nacional Despejo Zero.

PM cerca ocupação Povo Sem Medo para forçar despejo, em Curitiba

Policiais estão no local desde as 6h; imprensa, advogados e os próprios moradores foram impedidos de entrar

10 de janeiro de 2023

Foto: Divulgação

A ocupação Povo Sem Medo, no bairro Tatuquara, em Curitiba, amanheceu cercada pela Polícia Militar com ordem de executar o despejo.

Segundo a organização da ocupação, o cumprimento da ordem teve início sem que fosse apresentado plano de realocação dos assentados e sem acompanhamento dos órgãos de assistência social obrigatórios, de acordo com indicativo exigido pelo Supremo Tribunal Federal (STF).

Organizada pelo Movimento dos Trabalhadores Sem Teto (MTST), a ocupação existe desde 2021. Num primeiro momento, o comando do operativo da Polícia Militar não permitiu a entrada de jornalistas nem da advogada da articulação Despejo Zero, solicitada pelo movimento.

O **Brasil de Fato Paraná** acompanha o despejo desde o início desta manhã. A reportagem conversou com o major presente no local, questionando a proibição de entrada da imprensa. A justificativa foi relacionada à garantia da segurança dos jornalistas. Questionado se haveria, então, plano de despejo violento, o major afirmou “não depende de mim, depende dos outros atores”, afirmou.

Sobre o plano de realocação, o major informou que as pessoas que “tem local para ir estão sendo encaminhadas e aquelas que não tem serão encaminhadas para abrigo”. A reportagem perguntou se havia garantia de que nenhuma pessoa ficaria desabrigada, ao que o major respondeu não ter como garantir.

Morador ouvido pela reportagem, Antoniel Santos Silva relatou que também estava sendo impedido de entrar na ocupação. “Os policiais não me deixam entrar, retirar meus pertences do local. Minha esposa está lá sozinha com minha filha de um ano”, contou Silva, que veio do Piauí, trabalha com transporte em Pinhais e mora na ocupação por não ter como pagar aluguel.

Jornalista do Brasil de Fato é detido ao acompanhar despejo em Curitiba

Por Rede Brasil Atual

O jornalista Pedro Carrano, do Brasil de Fato Paraná, foi detido na tarde desta terça (10) ao acompanhar despejo forçado da ocupação Povo Sem Medo, no bairro Tatuquara, em Curitiba. Ele foi para a 3ª Companhia do 13º Batalhão de Polícia Militar, que impedia a entrada de jornalistas e advogados na ocupação.

Em tentativa de conversa com a PM, no começo da tarde, Carrano alegou que era direito da imprensa acompanhar a reintegração de posse. A PM não acatou os pedidos e levou o jornalista para o porta-malas da viatura, confiscando seu celular. A população no local vaiou a atitude da PM.

Ao chegar na delegacia, uma advogada que acompanha o jornalista desde a ocupação relatou estar impedida de entrar. A prisão sumária de um profissional de imprensa independente contrasta com a conduta da Polícia Militar do governador Ratinho Jr. em relação a outros episódios de extrema gravidade para a coletividade.

Pesos e medidas

Ontem (9), por exemplo, a polícia promoveu a desmobilização de 10 dos 13 acampamentos de bolsonaristas instalados no estado. Um deles em Curitiba, instalado desde o primeiro turno das eleições, em frente ao quartel do 5º Grupo de Artilharia de Campanha do Exército Brasileiro, no Boqueirão. Não houve prisões – contrariando determinação do Supremo Tribunal Federal –, apesar de os "acampados" afrontarem a lei e a ordem, pedindo golpe militar.

O governo alegou que optou pelo "diálogo" e não efetuou prisões por não haver resistência, embora a determinação de prisão por parte do Supremo tenha como base a afronta ao Estado de direito.

Além disso, torres de energia foram derrubadas e danificadas nesta terça no estado, sem que responsabilidades tenham sido identificadas. A Agência Nacional de Energia Elétrica (Aneel) não descarta ações de sabotagem.

A Polícia Militar do Paraná, no entanto, reservou o rigor para outra ação. A ocupação Povo Sem Medo, onde vivem 200 famílias, amanheceu cercada pela PM com ordem de forçar o despejo. Segundo a organização da ocupação, o cumprimento da ordem teve início sem apresentação de um plano de realocação dos assentados nem acompanhamento dos órgãos de assistência social obrigatórios.

Pra onde elas vão? Em que condição?

Mas um jornalista foi preso e teve seu celular tomado por policiais. O aparelho não chegou a ser manipulado nem danificado e foi posto sobre a mesa da delegacia diante do repórter, que levou 40 minutos para ter acesso a uma advogada. Enquanto isso, em Brasília, terroristas usavam ontem livremente seus aparelhos para postagens em redes sociais, inclusive de fake news.

E. Além da capital

Uma reportagem sobre como Marielle segue abrindo caminhos

Ocupação em Palmas, com o nome da vereadora assassinada, conquista o direito a seguir fincada na terra
8 de fevereiro de 2024

No bairro Alto da Glória, na pequena e gélida cidade de Palmas, no Sudoeste do Paraná, o visitante se depara com um nome forte, que é, de certa maneira, a inspiração para uma caminhada de luta.

Com o rosto impresso e bem fincado numa placa metálica, no interior da ocupação de 83 famílias e 102 crianças, o nome da vereadora carioca, brutalmente assassinada em 14 de março de 2018, Marielle Franco, batiza um lugar que, em menos de quatro anos, conquistou o direito de não ser despejado e de avançar no caminho da regularização fundiária.

Ali, Cleia Rezer, é coordenadora, em uma direção de oito pessoas. De protagonismo natural, corpo delgado, marcas da vida no rosto, estava ao lado da neta, Evelin, quem já estava aprendendo com a vó os passos da luta. O barraco, no início da pandemia, comportava as duas lideranças e mais vários integrantes da família. Recorreram à ocupação durante a pandemia por necessidade.

O carisma de Cleia é evidente. Torna a prosa tranquila numa manhã de sol. Ela reúne o cotidiano de liderança popular com a experiência política de quem já havia atuado em lutas sociais e na militância também. "Eu era trabalhadora em empresa de madeirite. Agora vivo aqui", relata, batendo nas madeiras que já foram produzidas por suas mãos e que agora ergueram o espaço coletivo da comunidade.

"Ou pagávamos aluguel ou comprávamos comida, optamos pela comida. Eu fiz o promotor chorar, explicando isso para ele", afirma.

A boa notícia foi que, ao final de 2023, depois de três anos de luta, a partir do trabalho da Comissão de Soluções Fundiárias do Tribunal de Justiça do Paraná (TJ-PR), presidida pelo desembargador Fernando Prazeres, a Câmara de Vereadores do Município aprovou por unanimidade um Projeto de Lei para que a prefeitura adquira o terreno e realize a regularização fundiária da comunidade.

O apoio para tal conquista, sempre lembram as lideranças, veio do MST, da Campanha Despejo Zero no Paraná, do Fórum de Entidades e Movimentos Populares do Sudoeste, do Fórum e da Rede Nacional de Advogados Populares (Renap), entre outros atores.

As dificuldades nesse meio tempo foram tamanhas, maiores do que a subida necessária na saída da ocupação. As lideranças recordam a luta pelo serviço de água, o impacto do frio e chuva, no terreno de barro, contra o preconceito na cidade e contra os ataques que a ocupação sofria. Por exemplo, quando uma das placas com o símbolo de Marielle Franco foi violentamente arrancada.

E voltou a ressurgir, como semente.

A avaliação mais recente, no entanto, é sobre o respeito conquistado. "Já sofremos bastante com a sociedade e com o rótulo de invasores. Somos uma ocupação, eu sempre corrijo", afirma Cleia.

O local é visto pelas moradoras como adequado para ficar. Há bom espaço para os lotes, a escola e creche ficam próximas.

O preconceito foi sendo derrubado aos poucos, na parceria com a universidade, com o Instituto Federal do Paraná (IFPR) - campus Palmas, na oferta de cursos de artes marciais para crianças dada pela própria Polícia Militar. Corporação que, anteriormente, havia pressionado a ocupação pela sua saída.

Parcerias e pontes

Bruna Zimpel é coordenadora do MST no Paraná e presta apoio à ocupação Marielle desde o começo das ações de solidariedade propostas pelo movimento, logo no início da pandemia. Conta que está havendo mediação entre a família proprietária de uma área marcada por ter sido um aterro de lixo e pela destruição de pinheiros.

A organização da comunidade foi se dando aos poucos, da formação da coordenação, que hoje conta com seis mulheres entre oito componentes, da construção de horta comunitária e espaço coletivo – organização de espaços comuns, um ensinamento que a campanha Despejo Zero proporcionou a várias áreas nas mais diferentes situações.

"O Sejusc veio, e no começo os proprietários não queriam nem conversa. A prefeitura se abriu no último período para o processo. E foi aprovada a compra da área. Ainda haverá nova audiência em março", narra Zimpel.

A comunidade também se comprometeu, a partir da sinalização do poder público, congelando os cadastros e comprometendo-se a manter a comunidade do mesmo tamanho.

Com o MST, as lideranças apontam reiteradas vezes que aprenderam a propor acordos coletivos com a comunidade, o que facilitou a organização. "Cada família precisava comprovar, a cada seis meses, que os filhos estão frequentando a escola", exemplifica Cleia. "Depois veio o batismo como Marielle Franco, uma mulher negra, também vinda da periferia, simbolizava essa luta", aponta Bruna.

A resistência é então o episódio final?

A última audiência garantindo a compra dos terrenos é o ponto final dessa história? Cada família agora segue sua vida?

No que depender da coordenação da Marielle, não. Neste ano mesmo, no primeiro dia de sessão da Câmara local de Palmas, moradores estavam fazendo barulho "para garantir que os acordos sejam cumpridos".

Vencida a pauta de não haver o despejo forçado, a comunidade tem plena consciência que a luta entra em outro patamar, numa verdadeira guerra popular prolongada. Como, no fundo, assim sempre foi.

Famílias da ocupação Pinheirão, no Sudoeste, vivem entre o risco de despejo e enchentes

Dados oficiais de Francisco Beltrão apontam um deficit de 2226 unidades habitacionais
Por Eder Borba, de Francisco Beltrão (PR)
16 de novembro de 2023

O município de Francisco Beltrão hoje é o mais populoso do sudoeste do Paraná, com 96.666 habitantes. O processo de urbanização é recente, ocorrendo de forma acentuada a partir da década de 1960.

Nesse período, segundo dados censitários do IBGE, apenas 8,99% da população ocupava a área urbana. Já em 1991 esse percentual saltou para 74,46%.

Um dos motivos dessa aceleração da urbanização é o avanço do agronegócio no campo, que provocou a migração das pessoas do meio rural para a cidade, ocupando, em sua maioria, as regiões periféricas, que ficaram à margem dos principais direitos básicos, como alimentação, moradia, saúde, educação, transporte, dentre outros.

Quanto ao direito à moradia, dados oficiais do município apontam um deficit de 2226 unidades habitacionais. Essas pessoas estão concentradas principalmente na região norte da cidade e muitas delas fazem parte das 15 ocupações existentes em terrenos públicos de Francisco Beltrão, somando um número aproximado, segundo a prefeitura, de 925 famílias.

Entretanto, é notável uma defasagem nesses números. Tomando como exemplo a ocupação do Pinheirão, a prefeitura estima serem 27 famílias, mas a realidade se aproxima de 50. A área pertence ao município e foi ocupada em primeiro de abril de 2017.

Antes, em 2011, neste espaço foi construído um conjunto habitacional e um dos quarteirões ficou em uma área de várzea do rio Santa Rosa, alagando por diversas vezes e afetando pelo menos 19 moradias. As casas populares foram demolidas e a área foi utilizada como aterro até o início da ocupação.

As famílias da ocupação Pinheirão sofrem com dois dramas constantes: do despejo e das enchentes. A mais recente ordem de reintegração de posse ocorreu na semana do Natal de 2019, quando a justiça deu um prazo de 15 dias para desocupação, alegando ser uma área de risco, mas uma mobilização dos moradores garantiu a permanência provisória. Até o momento não foi apresentado um plano de realocação destas famílias e das demais que residem nas outras áreas ocupadas.

Recentemente, duas enchentes afetaram as casas.

A primeira aconteceu em outubro do ano passado e a segunda, novamente, em outubro deste ano. O que chama a atenção é a falta de assistência por parte da administração pública, que não emitiu nenhum alerta de risco de alagamento e, posteriormente, nem a defesa civil, nem a assistência social e nem as equipes de coleta de entulhos passaram na ocupação.

Isso revela a exclusão social e um sentimento de invisibilidade que afeta as famílias. É o caso de uma moradora, que preferiu não revelar o nome, que está na ocupação há seis anos, com seus três filhos. Ela perdeu parte dos móveis nas enchentes e sua casa está condenada, com risco de desabamento.

Quando procurou auxílio na assistência social teve uma resposta negativa, com a justificativa de que estava numa área irregular e de "invasão". "Não estou aqui por opção. Não tenho condição de comprar uma casa, já fui na Caixa, mas não me enquadrei e se for morar de aluguel, fica inviável, teria que escolher entre pagar o aluguel ou comprar comida," conta ela, emocionada.

Ocupação Prainha sofre despejo forçado na manhã de hoje em Pontal do Paraná

Efetivo policial, movimentação de helicóptero e tratores neste momento preparam-se para derrubar casas de 80 famílias

14 de dezembro de 2023

"Ninguém quis conversa, não sabemos para onde vamos, não tem um representante (de imprensa), não tem ninguém com nós. Para mim é dano moral e físico. Nunca vi tanta polícia na vida, vi até helicóptero hoje. Não sabemos o que fazer", afirma áudio de morador local.

Em meio a dias movimentados, que envolveram pressão sobre a prefeitura de Pontal do Paraná, no litoral do estado, ameaças por parte da polícia militar, e muita incerteza, as 80 famílias de moradores da ocupação Prainha, ligada ao Movimento Popular por Moradia (MPM), enfrentam neste momento a execução do despejo.

Efetivo policial, com presença de dois ônibus, movimentação de helicóptero e tratores preparam-se para desmontar as casas já nas primeiras horas da manhã. De acordo com informações, a ocupação é localizada em balneário com grande visitação turística.

Dirigente do movimento, acusa que, neste momento, a reintegração está sendo executada de forma irregular e sem cumprir os itens exigidos pela Resolução 510, do Conselho Nacional de Justiça (CNJ).

"Vão passar o trator a partir das 9 horas. Está tudo errado a forma do despejo. Não chamaram a Comissão de Conflitos Fundiários para intermediar. Não foi apresentado nenhum plano de despejo ou de realocação das famílias. Não conta com a presença de advogados de defesa, ou mesmo da Defensoria Pública. Não conta com agentes sociais para dar amparo às famílias", acusa.

Esse teria sido, inclusive, o argumento da prefeitura local para a remoção das famílias, o interesse comercial da região. Tratamse de duas áreas, unificadas no processo, uma delas pertencente ao município. Ato na mesma semana das famílias cobrou dos vereadores diálogo com a prefeitura, porém sem êxito. "O prefeito é interessado e participa do despejo. Existe um projeto portuário para a área", avalia o movimento.

Afirma-se que o interesse na área pode vir do projeto do Porto de Pontal, vendido em janeiro de 2021, do bilionário João Carlos Ribeiro (PSC) que desistiu de concorrer à prefeitura de Pontal em 2020 devido a acusações.

Rosilda denuncia, para a reportagem: "Está muito crítica a situação, não tem um plano para pessoas vulneráveis, uma senhora usa oxigênio e foi retirada à força daqui".

Comunidades caiçaras em Paranaguá têm sofrido pressão e desmonte de casas novamente em dezembro. Na capital, ocupações como Tiradentes II, Britanite e os remanescentes da vila Domitila também vivem pressão, ameaças da Polícia Militar, incertezas e riscos de despejo.

Em que pesem políticas nacionais para moradia mais avançadas e a criação da Secretaria Nacional de Periferias no governo Lula, no Paraná o governador Ratinho Jr não quer um Natal tranquilo.

Apesar de dificuldades, indígenas que ocupam área no "Morro do Cristo" querem ficar no local

Com quase quatro meses, retomada kaingang na cidade de Balsa Nova (PR) ainda necessita de acesso à água e infraestrutura

29 de outubro de 2024

O topo de uma serra com a estátua de um Cristo de braços abertos, mas sem ser vista por ninguém.

Era de certo modo assim a situação no Morro do Cristo, no distrito de São Luiz do Purunã, cidade de Balsa Nova, localizada a 45 quilômetros de Curitiba. Uma serra de onde é possível enxergar as cidades de Balsa Nova, Campo Largo e até capital.

Nesse lugar, que fica entre o primeiro e o segundo planalto paranaense, no dia 2 de julho deste ano, ocorreu a chamada retomada Morro do Cristo. Hoje, dez famílias Kaingang estão instaladas, com onze crianças e quatro pessoas idosas.

A comunidade Kaingang resolveu dar vida a um terreno que, até então, estava abandonado e com obras incompletas. Há registros de abandono desse lugar, que já foi movimentado, e que datam de mais de 10 anos.

Nova ocupação

André Matos Kafár é vice-cacique na nova ocupação. Ele já teve a experiência de liderar a ocupação Parque do Mate, ocorrida em Campo Largo, ainda em 2022, durante a pandemia, em área pertencente ao governo estadual.

Na verdade, ao lado de sua família, Kafár já atravessou o sul do país. Oriundo do Rio Grande do Sul, logo passou pela ocupação Aldeia Condá, em Chapecó, no Oeste de Santa Catarina, e agora teve experiências no entorno de Curitiba em busca de um lugar para viver. "Já nos acostumamos, desde os dez anos, em fazer essas retomadas", pondera André.

Desde o início da ocupação, a relação com a prefeitura da cidade de Balsa Nova, as lideranças indígenas relatam, é marcada até o momento por respeito e atendimento nas áreas de educação e assistência social.

A preocupação das lideranças indígenas fica por conta do futuro e da mudança de prefeitura, uma vez que a atual gestão de Marco Antonio Zanetti (PSD) deu lugar para Clevinho Poletto (PL), eleito no dia 6 de outubro, com 53,12% dos votos.

A reportagem procurou a prefeitura por duas vezes, mas não teve um retorno sobre o posicionamento da gestão sobre a situação das famílias.

No momento, a maior dificuldade está no acesso à água. A fonte mais próxima fica a cerca de 200 metros do acampamento e o grupo ainda não conseguiu instalar uma bomba de água, além de encanamento suficiente, no local. De toda a forma, André Matos acredita que a nova ocupação tem gosto de futuro. "É como um fruto bom, que atrai os pássaros", compara.

Lideranças avaliam momento de retomadas de terras

Recentemente, o movimento indígena tem realizado retomadas de terras lideradas pelas diferentes etnias. Apenas no Paraná foram pelo menos oito áreas em anos recentes.

Na avaliação de lideranças e pesquisadores, esse cenário respondeu a duas questões centrais: a demora na demarcação de terras indígenas e o próprio risco presente na tese do Marco Temporal.

A liderança indígena Jovina Ren Gha, moradora da comunidade urbana Kakané Porã, no bairro Campo de Santana, em Curitiba, avalia que as retomadas são uma orientação presente em todo o país. Na voz de Jovina, elas preservam ou revitalizam espaços. De acordo com ela:

"Tem tantos lugares que estão abandonados e que precisam de cuidado e reflorestamento. As retomadas são para cuidar, não para invadir, precisamos de reflorestamento", afirma.

André Matos Káfar confirma também que o movimento indígena passa por um momento de ações e troca de informações articuladas nacionalmente.

"Nos sentimentos fortalecidos. Ao todo, são 360 representações nacionais de diferentes etnias organizadas. Infelizmente, muitas vezes é preciso a morte de indígenas para a Funai reconhecer as áreas, mas o que está em jogo é o futuro da minha geração", reflete Kafár, que possui 33 anos.

Hoje em dia, a maioria das 1.391 terras e demandas territoriais indígenas existentes no Brasil (62%) possui alguma pendência administrativa para sua regularização. Dentre as 867 terras indígenas com pendências, pelo menos 588 não tiveram providência do Estado para demarcação e ainda aguardam a constituição de Grupos Técnicos (GTs) pela Funai, responsável por proceder com a identificação e delimitação destas áreas. Os dados são do Conselho Indígena Missionário (CIMI), de 2022.

Morro do Cristo

Para acessar o espaço, basta ir pela BR-277 e acessar uma entrada antes do pedágio de São Luiz do Purunã.

Construído em 1976, o monumento do Cristo foi "erguido" por um casal de Guarapuava, como pagamento a uma promessa. Trata-se de uma estátua com 18,5 metros de altura. Tanto a estrutura da estátua quanto a capela e demais construções no local estavam abandonadas.

Inicialmente, o terreno é particular, pertencente à Estância Purunã Loteamento de Incorporação de Bens Ltda. Passadas várias vendas e aquisições, foi comprado por uma imobiliária de Curitiba. Desde a ocupação, não há reivindicação jurídica do terreno. O loteamento envolve cerca de 20% da área destinada para preservação ambiental.

F. 2024: retrocessos e volta dos ataques?

Sem decisão judicial, Polícia Militar realiza cerco de dois dias em nova área de ocupação em Curitiba

Em torno de 200 pessoas realizam ocupação em área no bairro Campo Comprido

29 de abril de 2024

Na madrugada do dia 27 (sexta), cerca de 200 pessoas realizaram ocupação em terreno abandonado localizado no bairro Campo Comprido, entre as ruas João Dembinski e Irmãs Nakadaira.

Embora, na mesma madrugada, a Polícia Militar tenha comparecido e logo deixado o local, na manhã seguinte realizou um verdadeiro cerco contra a área, impedindo os ocupantes de entrar e sair, bem como de receber alimentos e água.

O detalhe é que não havia pedido de reintegração de posse no local. Ou seja, a PM fez a defesa do imóvel particular sem autorização judicial. Na manhã de segunda-feira, o cerco foi retirado do entorno da ocupação. Poucas viaturas seguiram por ali.

Ao longo do final de semana, as famílias, que batizaram a ocupação como "Resistência Forte" conseguiram negociar com o comando da PM a entrada de água e alimentos para a cozinha comunitária instalada. O local abriga venezuelanos, famílias em busca de moradia e saída do pagamento de aluguel.

Do espólio do casal Masayo e Masashi Suzuki, a área, abandonada há mais de duas décadas, está em disputa entre herdeiros do terreno, ainda sem decisão judicial.

Operativo

Em entrevista feita ainda no sábado, o responsável pelo operativo naquele turno, tenente-coronel Francisco, admitiu que a atuação seria anterior à liminar judicial.

O relato de oito famílias que não querem ser despejadas por uma associação de moradores

Famílias da rua Olga de Araújo Espíndola, no bairro Novo Mundo, estão em guerra contra associação que pede seu despejo[10]

2 de abril de 2024

Foto: Eduardo Matysiak

[10] Área despejada no dia 21 de maio de 2024.

Simone tem cinco filhos e poucas perspectivas de futuro. Se tiver que sair da atual residência construída, onde vive desde o início dos anos 2000, na rua Olga de Araújo Espíndola, no bairro Novo Mundo, afirma que não tem como viver noutro lugar. E é a mesma história de Jhonir, de Luciana, de Nilson, de Anna, um remanescente de famílias que agora se posiciona contra a ordem de reintegração de posse.

Em ofício datado de 21 de março, o juiz da 12ª Vara Cível de Curitiba/PR, Marcelo Ferreira, solicita reforço policial à Coordenadoria Especial de Mediação dos Conflitos da Terra (Coorterra/PMPR) de assessoramento às ações e operações da Polícia Militar do Paraná, sinalizando pressa na execução da reintegração.

Por outro lado, o próprio Coorterra havia solicitado presença da Comissão de Conflitos Fundiários do Tribunal de Justiça do Paraná.

Esses moradores de certa forma relatam uma situação que assombraria o escritor checo Franz Kafka. Alguns são pressionados a deixar a casa onde vivem, porque seu lote teria sido vendido a outra família pela associação de moradores - que, por sua vez, não reconhece o fato e acusa o grupo de moradores de não pagamento de prestações da casa.

O conflito se intensificou em 2024 entre os dois agrupamentos. "Há noites em que ninguém dorme, ficamos no celular um falando com outro, não sabemos: se é um motorista de aplicativo, se é algum risco para nós", conta Simone.

Ao todo, então, essas oito famílias vivem a incerteza em um residencial de cerca de 50 pessoas. A atual associação de moradores tem o mesmo nome da rua. A Associação Olga de Araújo Espíndola tem mais de uma década e foi criada no meio do processo judicial de reintegração de posse movido pela Empresa de Construção e Recuperação de Ativos (Ecora S/A), que teve sua falência declarada, para então negociar a situação da área com a massa falida.

Os moradores com risco de passar pela reintegração de posse afirmam à reportagem que uma pessoa teria sido tirada de casa e hoje paga aluguel. Outro terreno vazio, com imóvel simplesmente destruído, é de um antigo proprietário cuja mãe faleceu e hoje ele mora na rua.

Acusam que há, ainda, em assembleia recente, a qual a reportagem recebeu um vídeo, moradores que estão à espera do terreno, porém não moram hoje na vila.

A assembleia mais recente não foi realizada na comunidade ou em eventual sede da associação, mas em frente à faculdade Santa Cruz, que fica ali perto, porém colocando em dúvidas como foi feita a convocatória. No entanto, a associação de moradores justificou à reportagem que não haveria necessidade de uma sede própria e de realizar assembleia na própria comunidade onde as pessoas moram.

Ocupação 4 de Novembro, no Uberaba, em Curitiba: correndo contra o relógio

RKR incorporadora apresentou proposta, porém prefeitura de Curitiba e Cohab não se manifestam

19/08/2024

Foto: Pedro Carrano

A comunidade 4 de Novembro, no bairro Uberaba, vive dias urgentes. Manhãs e noites de ansiedade, de olho no calendário, como um time de futebol que se prepara para uma partida decisiva.

Isso porque, no começo de outubro, está na agenda a quarta audiência, e talvez a última, de tentativa de mediação entre proprietário e 53 famílias trabalhadoras, com presença da Comissão de Conflitos Fundiários do Tribunal de Justiça do Paraná, para definir a situação desses ocupantes que, há dois anos, ainda no período de vigência da covid-19, abandonaram aluguel, incertezas e aperto orçamentário para se arriscar no sonho de uma nova vida.

A área fica em terreno particular, ao lado do Hotel Bristol, perto de outras velhas e novas ocupações.

Depois da audiência, se não houver saída, a tendência é acelerar a pressão pelo cumprimento de ação de reintegração de posse. A empresa deseja retomar o processo, algo registrado em audiência recente. Durante as audiências em 2024, porém, a RKR incorporadora e construtora Ltda sugeriu que o município de Curitiba adquirisse a área na forma de potencial construtivo, de maneira que as famílias pudessem ficar no local e a indenização do município fosse nessa forma de concessão, de interesse da incorporadora para ampliar suas construções noutros locais.

Perfil presente

Muita gente da comunidade 4 de Novembro é vinda da própria região. Pessoas que nasceram em outras ocupações, caso da Icaraí, e cresceram por ali, onde viram o mesmo terreno vazio durante décadas e resolveram ocupar.

Hoje, a comunidade é feita de construções de alvenaria, além de assembleias periódicas entre os moradores. Recebe apoio de outras ocupações locais, caso da área 29 de Janeiro, numa mostra de solidariedade na prática entre comunidades.

A parte autora do pedido de reintegração de posse concordou com mais esta última audiência de outubro, daí a pressa e angústia dos moradores em encontrar uma saída para o impasse.

É assim a história de Andrielli Hugnin de Oliveira e de Ezequiel Pacheco. Andrielli nasceu na região, há 26 anos, e desde cedo já observava que o terreno em questão era feito de mato alto e abandono, com a vizinhança reclamando do local de desova de furtos. "Temos fotos e vídeos", adianta-se. "Morávamos em uma peça do meu pai», complementa, justificando o recurso à ocupação quando já não havia mais espaço na casa para uma família que crescia.

"Os moradores aqui não tinham lugar pra morar. Um aluguel custa R$ 1200. Muitos estão com os filhos desempregados. A maioria são beneficiários de programas sociais, todos com cadastro único", ressalta Ezequiel, confirmando a vontade de ficar por parte dos moradores.

Afinal, ali estão equipamentos públicos próximos. E, sobretudo, a proximidade com o local vivido desde a infância. Os nomes se somam: Eliel, Ivan, trabalhadores da construção civil, Heloísa, catadora de materiais recicláveis, vão chegando, ao final da tarde, voltando do trabalho e somando-se na prosa com a reportagem.

Necessidade dos moradores

O terreno em si pertence à construtora RKR incorporadora e construtora Ltda e, de acordo com a Comissão de Soluções Fundiárias, haveria possibilidade de negociação por parte dos proprietários, mas ainda falta prefeitura e Cohab entrarem em campo e pisarem no gramado.

As famílias informam que já passaram por um cadastramento inicial. Mas, desde então, não houve mais nenhuma visita. As lideranças apontam vontade desde o início para negociar um preço de pagamento pelos lotes.

"Seria bom, poderíamos negociar, queremos intermediação da prefeitura", afirma Ezequiel, reforçando o desejo das famílias de negociarem o terreno.

Comissão de Conflitos Fundiários ressalta possibilidades

Na avaliação do juiz de direito substituto, José Augusto Guterres, um dos integrantes da Comissão de Soluções Fundiárias, falta um papel proativo do poder público municipal.

De acordo com ele, há um impasse com a construtora que reivindica o terreno. Mas falta ao município de Curitiba capacidade de proposição, em meio à falta de destinação orçamentária e falta de vontade política no tema da moradia, "Uma vez que o município não está preparado para política de realocação, o que temos visto é o aluguel social", delimita.

A solução, para o magistrado, seria discutir a proposta da construtora, que, segundo ele, nas conversas iniciais, em vez de receber a indenização em dinheiro, estaria disposta a receber em potencial construtivo pelo município, explica Guterres.

Na visão de João Victor Longhi, da Defensoria Pública do Estado, a posição do município equilibra-se entre o desdém e o descaso.

"(A Procuradoria do Município) chega a afirmar 'Não vou participar da audiência e se tiver ônus para o município, eu discordo. Chega a ser desrespeitosa a postura do município. No caso da Cohab, quando há uma confluência de fatores, ela se mostra interessada pelo menos no aluguel social, que não é o melhor dos mundos, mas melhor do que nos anos passados", aponta.

Posição da prefeitura

Em perguntas enviadas à assessoria de imprensa da Prefeitura e também da Cohab, não tivemos resposta até o momento.

Entidades lançam documento criticando PL que criminaliza ocupações: "Inconstitucional"

Base do governador Ratinho Jr apresenta PL que responde aos interesses do agronegócio e atropela direitos fundamentais

20 de agosto de 2024

Em documento divulgado no dia 19 de agosto, entidades de direitos humanos no Paraná, caso da Terra de Direitos e do Instituto Democracia Popular (IDP) apresentaram parecer que critica duramente o projeto de nº 186/2023, que estabelece sanções administrativas a ocupantes de terras no meio urbano e rural no Paraná.

As entidades, fazendo coro com movimentos populares, classificam como criminalização as medidas previstas no projeto, que vão desde punições até a retirada de benefícios sociais de famílias que ocuparem áreas abandonadas em busca de moradia, passando pela proibição de realização de concursos públicos.

Na Assembleia Legislativa do Paraná (Alep), de início foram apresentados três projetos de lei. Com teor parecido, unificaram-se para a criação do PL 186/2023. No estado, os textos foram assinados por parlamentares desde candidatos à prefeitura, caso de Maria Victória (PP), passando por Ademar Traiano (PSD), Marcel Micheletto (PL), Cristina Silvestri (PSDB), Tiago Amaral (PSD), Ricardo Arruda (PL), Soldado Adriano José (PP) e Adão Litro (PSD).

O projeto de lei deve ser analisado hoje e votado na Comissão de Constituição de Justiça na Alep. Antes disso, houve parecer favorável da deputada Marcia Huçulak (PSD).

Matriz nacional

Nada é gratuito. O teor de projetos estaduais responde ao projeto 709/2023, aprovado pela Câmara dos Deputados em Brasília, gerando assim um projeto matriz que desencadeou projetos locais em vários estados, como denuncia a campanha nacional Despejo Zero.

Na visão das organizações ligadas à advocacia popular, o teor dos projetos que circulam no Paraná são classificados como inconstitucionais.

"Verificam-se as chamadas inconstitucionalidades formais, que dizem respeito ao modo de dispor sobre as questões trazidas nos projetos, com relação à competência para legislar sobre normas de licitação de contratação e seguridade social, que conforme estabelecido pela Constituição, são de competência PRIVATIVA da União" (destaque do próprio texto).

Nesse sentido, tendo em vista a Constituição de 1988, o documento de análise cita pelo menos nove ataques e atropelos a direitos sociais básicos.

"Da violação ao Princípio do não retrocesso social, uma vez que após tantos avanços para o Estado Democrático de Direito Brasileiro, no que diz respeito a acesso à justiça e garantia de direitos humanos básicos, retorna-se a criminalizar movimentos sociais com pautas legítimas de reivindicação social e melhorias para a população como um todo no que concerne o direito à moradia e soberania alimentar"

Pressão popular passa por divulgação

A campanha Despejo Zero no Paraná, ainda no dia 20 de junho de 2024, realizou ato diante da Assembleia Legislativa, no qual cerca de 500 pessoas de diferentes áreas de ocupações condenaram o que consideram criminalização do direito à luta e à moradia.

A avaliação da advogada popular e integrante da Frente de Organização dos Trabalhadores (FORT), Bárbara Esteche, aponta que é fundamental toda a sociedade e trabalhadores terem conhecimento de medidas que os parlamentares buscam aprovar na surdina.

"A denúncia presente nesse documento da Terra de Direitos e IDP é fundamental e, por sua vez, as organizações populares precisam levar esse conteúdo para amplo conhecimento, de forma a acumular força e poder contrapor, o que hoje vai acontecer mais na organização cotidiana das comunidades, do que no parlamento, onde a base do governo Ratinho é maioria, autoritária, violenta e antipopular", afirma.

Interesses concretos

Mais do que medidas apenas para o debate ideológico, organizações no marco da campanha Despejo Zero avaliam que o projeto responde a interesses econômicos concretos e interesses do agronegócio defendidos pelo atual governo do Paraná:

"O governador Ratinho Jr. faz política apenas em favor dos latifundiários, figurões que buscam manter o monopólio de terra cada vez maior usando todos os aparatos institucionais da democracia burguesa contra a própria população. A base empresarial desses deputados pressiona e eles atacam a classe trabalhadora", descreve João Pedro Ambrosi, militante da organização Revolução Socialista, integrante da Campanha Despejo Zero.

Fazendinha: Uma ocupação que sonha na terra de gigantes

Duas famílias, despejadas no dia 6 de janeiro de 2025, foram as primeiras famílias desalojadas na gestão Pimentel

Fevereiro de 2025

Em Curitiba, o chamado urbanismo excludente é conhecido por empurrar a população migrante, trabalhadora e precarizada para viver nas terras mais distantes da capital em relação ao centro da cidade.

Nesse sentido, as novas ocupações urbanas de Curitiba, muitas das quais ocorridas durante a pandemia de Covid-19, encontram-se no Tatuquara, no Uberaba, na Cidade Industrial (CIC), geralmente próximas a áreas de risco, proteção ambiental e até próximas ao aterro sanitário. Com isso, o centro e os bairros nobres apresentam uma série de imóveis vazios.

No entanto, em pleno bairro Campina do Siqueira, bem perto do supermercado Carrefour (proprietário da área e autor da ação de despejo) e do Shopping Barigui, às margens do rio de mesmo nome, 20 famílias fizeram um verdadeiro enclave e vivem por ali.

A ocupação apelidada Fazendinha possui condições precárias de vida e ausência de acesso a serviços essenciais. Mesmo assim, parafraseando Drummond, rompeu o asfalto. E os moradores se localizam em plena região central de Curitiba.

Incertezas

O clima hoje é de incerteza sobre o futuro. Sentimento que convive com o imediatismo da ausência de ligação de água e luz em todas as casas. Se a capital paranaense é marcada por um Índice de Desenvolvimento Humano Municipal (IDHM - 2010) considerado alto, na casa de 0,823, ele não é o mesmo para todas as regiões. O índice varia de 0 a 1. Quanto mais próximo de 1, maior o desenvolvimento humano.

Se na proximidade do bairro Batel/Bigorrilho, por exemplo, atinge 0,948, em bairros como o Tatuquara o índice chega a 0,623 – o que implica pior qualidade de vida e acesso aos serviços.

Em meio a tantas contradições, prédios luxuosos e o desejo de permanecer onde estão, mas com melhores condições, Erika Barbosa Prestes e seu companheiro, Bruno, bem como a mãe dele, Cleusa, são lideranças naturais na comunidade.

Recebem os apoiadores de movimentos populares e da campanha Despejo Zero. Na semana passada, Erika esteve na Câmara Municipal para a tribuna livre sobre o tema da moradia, a convite da vereadora Professora Angela (Psol).

Como moradora da pequena comunidade, Erika Prestes trouxe, em seu discurso de 15 minutos na tribuna, as dificuldades enfrentadas pelos moradores de ocupações em Curitiba. "Onde vivemos não tem água encanada, não tem fonte de luz, não passa um caminhão do lixo", apontou. E assegurou o vínculo da ocupação com a necessidade das pessoas. "Nós não somos invasores, viemos por necessidade", disse.

Onze vereadores fizeram perguntas à liderança popular, divididos entre questionar a legitimidade das ocupações irregulares ou apoiar políticas de regularização fundiária em Curitiba.

Vereadoras como Giorgia Prates, Laís Leão, professora Ângela, Vanda de Assis, Camila Gonda, Marcos Vieira e Vanhoni, em suas intervenções, colocaram-se a favor da urgência da regularização fundiária. Toninho da Farmácia, do PSD, também sinalizou acordo com essa pauta.

Embate

Por sua vez, os parlamentares Olimpio Araujo Junior (PL), Da Costa (União) e Guilherme Kilter (Novo) questionaram a legitimidade das ocupações, sugeriram "aparelhamento" por parte da esquerda da luta por moradia, o que foi respondido por Erika e pela advogada do FORT, Bárbara Esteche.

Muitos vereadores não conhecem a situação do povo trabalhador. Erika fez questão de tocar neste ponto. Para ela, as ocupações são legítimas, devem ser respeitadas. "Queremos respeito e dentro da favela o que há é respeito", afirmou Erika.

Por ora, a pressão e divulgação do cenário da Fazendinha teve um primeiro resultado pontual. A prefeitura de Curitiba, durante a semana, passou máquinas para melhorar a rua de terra na frente da ocupação.

Assembleia Popular da Vila União, no Tatuquara, mobiliza moradores e poder público

Assembleia na própria comunidade convocando o poder público revelou-se ótima experiência organizativa

12 de agosto de 2024

Assembleia na Vila União

No dia 9 de agosto, aconteceu a Assembleia Popular na comunidade, com participação dos moradores da Vila União, para debate com o poder público sobre a pauta de regularização fundiária, despejo zero e estrutura para as áreas de ocupação.

Participaram representações do Ministério Público, na figura de Aline Bilek Bahr, da Promotoria de Justiça, de Habitação e Urbanismo de Curitiba, e a representante da Ouvidora-Geral da Defensoria Pública do Estado do Paraná (DPE-PR), Karollyne Nascimento.

Em meio a uma organização vibrante da comunidade, após uma caminhada inicial com participação e presença da criançada, a campanha Despejo Zero pressionou o governo do Paraná a comprometer-se com nenhum despejo forçado. Representação da Superintendência-Geral de Diálogo e Participação Social (Sudis) assinou o documento apresentado pela comunidade.

Urgência desde a pandemia

A Vila União é uma ocupação onde hoje vivem cerca de 250 famílias, datada de maio de 2021, no auge da pandemia, e hoje conta com atuação da Frente de Organização dos Trabalhadores (FORT), padres Redentoristas e Irmãs Vicentinas, ao lado da participação na campanha Despejo Zero.

Essa espécie de audiência popular contou com a presença da vereadora Giorgia Prates (Mandata Preta – PT) e representações de organizações populares, caso da Revolução Socialista (Psol), do MTD, entre outras.

Lideranças de outras áreas de ocupação também se pronunciaram na assembleia popular, relatando preocupação com o momento de cada área. Áreas como Guaporé 2, Graciosa (Pinhais), Harmonia, Pontarolla falaram sobre o momento de suas comunidades, em um formato de audiência que resultou em participação e informação para todos os presentes.

Outras representações e assessorias de parlamentares estiveram presentes, caso da assessoria dos deputados estaduais Ana Júlia e Renato Freitas (ambos do PT), da vereadora professora Josete (PT), e do deputado federal Tadeu Veneri (PT).

Algumas situações de conflito

Ilha (vila Xisto)

Localizada num triângulo entre a margem esquerda do rio Barigui, a BR-476 e a linha férrea da América Latina, o poder público a chama de "Vila Xisto". Os moradores do bairro Tatuquara e da comunidade entendem-se como "Ilha". O Ministério Público do Paraná ajuizou ação civil pública, em 2010, e a Quinta Câmara Cível do Tribunal de Justiça determinou prazo de dois anos para que todas as famílias sejam reassentadas. Porém, moradores criticam o fato de não saberem quando vão, e nem para onde estão indo. São 165 famílias cadastradas até o fechamento do livro.

Retomada da Floresta Estadual Metropolitana em Piraquara

Em Piraquara, na região metropolitana de Curitiba, lideranças de cinco povos indígenas - Krahô Kaingang, Guarani M'bya, Guarani Nhandewa e Tukano realizaram, em agosto de 2021, a ocupação da Floresta Estadual Metropolitana, uma Unidade de Conservação estadual. Após a ação de retomada, o Instituto Água e Terra iniciou conversas com os indígenas e, em fevereiro de 2022, formalizou uma proposta de gestão compartilhada da Floresta Metropolitana com o Instituto Angelo Kretã, que representa os povos. Foi assinado um Termo de Acordo de Cooperação Técnica para a cogestão e promoção de ações de educação ambiental na unidade de conservação, que inclui o plantio de mudas nativas na área e a criação de um centro de formação para povos indígenas no local. (FONTE: Núcleo Curitiba do Observatório das Metrópoles)

Independência Popular

A ocupação começou no dia 7 de setembro de 2022, no barracão abandonado da antiga Companhia de Desenvolvimento Agropecuário do Paraná (Codapar, incorporado ao IDR Paraná), na BR-277, no bairro Cidade Industrial (CIC). Inicialmente organizada pelo Movimento de Trabalhadoras e Trabalhadores por Direitos (MTD), abrigando de 80 a 90 famílias, a ideia era denunciar um espaço estratégico de armazenamento de alimentos que ficou abandonado pelo poder público em plena pandemia de covid-19, quando 33 milhões de brasileiros e brasileiras passaram fome.

Ocupações em São José dos Pinhais

No dia 25 de abril, quatro áreas de ocupação de São José dos Pinhais fizeram ato na Câmara Municipal da cidade e também na secretaria municipal de habitação. São áreas todas com mais de dez anos, ainda irregulares, caso do Jardim Itaqui, Jardim Modelo, São Judas, Jardim Del Rey e Independência. A mobilização foi convocada pela União Nacional de Moradia Popular (UNMP), que estima participação 300 pessoas. A denúncia principal é sobre o tema da regularização fundiária e sobre as condições de vida - além de execução do Minha Casa Minha Vida. "Não tem água potável no Jardim Independência, comunidades que há 30 anos não têm água para beber", afirma Nilton Gonzaga, liderança do movimento.

Ponta Grossa - Frente Nacional de Lutas (FNL)

Famílias organizadas na Frente Nacional de Luta (FNL) ocuparam terreno, no dia 17 de fevereiro, em Ponta Grossa (PR), sofrendo desocupação forçada, executada pela Polícia Militar e Batalhão de Operações Especiais da PM. Imagens nas redes sociais, divulgadas por militantes do Psol, mostraram uso de bombas de gás lacrimogêneo na ação, além da detenção de, ao menos, uma liderança do movimento. Os militantes denunciam que havia várias crianças no local.

2

Entrevistas: reflexões sobre a campanha Despejo Zero e a luta por moradia

Referência nacional, desembargador da Comissão de Conflitos Fundiários afirma: "Pela primeira vez houve preocupação pelas famílias atingidas"

Fernando Prazeres, do Tribunal de Justiça do Paraná, realizou 200 visitas técnicas em áreas de ocupação desde 2019

29 de dezembro de 2023

Desembargador Fernando Prazeres, do Tribunal de Justiça do Paraná (TJPR), desde 2019 capitaneou uma experiência, efetiva e contraditória, de mediação de conflitos fundiários no Paraná, no campo e na cidade, situação intensificada a partir de grave crise social da pandemia, quando esses conflitos se acirraram.

O trabalho e as ferramentas da ação da Comissão tornaram-se referência nacional e orientação do Conselho Nacional de Justiça (CNJ) para os tribunais de todo o país. Impediu despejos. Não pôde evitar outros que seguem ocorrendo. Prazeres é categórico ao afirmar que o mecanismo mais importante nesse duro período foi o da visita técnica para conhecer a realidade das comunidades e ter contato com o povo.

Foto: Pedro Carrano

No breve intervalo da intensa agenda do desembargador, a entrevista foi realizada no dia 14 de dezembro. Na manhã do mesmo dia, 80 famílias foram despejadas e tiveram casas destruídas, o que também marcou o rumo da conversa.

Pedro Carrano. *Tenho o hábito de iniciar pelo tema mais imediato. A situação de hoje, do despejo forçado na ocupação na Prainha, em Pontal do Paraná, mostra a expectativa das comunidades que ocuparam no período da pandemia e se depararam com o despejo. Como o senhor avalia essa situação, em vista de que foram criadas ferramentas que acabam permitindo um ambiente de mediação, mas há casos que são inevitáveis?*

Desembargador Fernando Prazeres. Olha, o caso da Prainha, nós temos que retroceder um pouco no tempo e tentar compreender exatamente, do ponto de vista jurídico, o que aconteceu. Havia um pedido de reintegração de posse feito pelo município, a área ocupada supostamente era pública. E, paralelamente a isso, havia uma ação civil pública proposta pelo Ministério Público contra o prefeito municipal, contra o governador do estado e contra o diretor do Instituto Água e Terra (IAT). Tanto a ação de reintegração de posse quanto ação civil pública estavam calcadas no mesmo fundamento fático, que seria a ocupação irregular e o prejuízo ou dano ao meio ambiente. Por conta disso, o município pediu a reintegração de posse e o MP pediu não só a reintegração de posse, mas também a demolição das casas que foram construídas local. (...) O juiz da causa entende que não é caso de intervenção da Comissão, a Comissão tem muito pouco o que fazer. Nós temos que respeitar, a comissão tem que respeitar a decisão judicial e foi o aconteceu nesse caso. A despeito de existir recursos e tudo mais, tal intervenção da Comissão não foi autorizada por quem tinha atividade jurisdicional, ou, enfim, quem estava à frente do processo. E, como você falou, tem questões que lamentavelmente, as instâncias de mediação elas não conseguem avançar por uma série de circunstâncias, uma série de obstáculos e nesse caso, o obstáculo foi uma decisão judicial.

Não teria havido apontamento de um plano de realocação para as famílias, neste e em outros casos. Neste sentido, as ferramentas atuais servem de crítica a eventuais situações em que isso não acontece? Ou seja, para onde vão as famílias?

Veja, esse é um ponto de vista muito particular meu: Em se tratando do despejo de natureza coletiva que atinge um contingente bastante significativo de pessoas, não importa quando aconteceu a invasão e não importa se foi antes ou depois da ADPF 828. Nós estamos tratando de pessoas, nós estamos tratando de dignidade dessas pessoas. E esse plano de desocupação, como eventual realocação, ou eventual encaminhamento para um local adequado dessas pessoas, que vão sofrer o despejo, deve acontecer em qualquer circunstância. Então, é mais uma lição para nós. A comissão vai ter que discutir esse tipo de situação e ver qual é a melhor abordagem nesses casos que, enfim, são semelhantes ao que aconteceu na Prainha.

Todo esse período desde o início da pandemia, a própria formação da Comissão de Soluções Fundiárias, que deu ensejo para própria Resolução 510, toda essa experiência é reconhecida nacionalmente. Na sua percepção, por que, entre aspas, o êxito dessa experiência do Paraná?

Porque, de fato, foi a primeira vez que, na solução dessas causas que envolvem demandas coletivas, houve uma preocupação com as famílias atingidas. Preocupação no sentido de ouvi-las, entender as circunstâncias dessas ocupações. Procurar saber quem são essas pessoas. Por quê elas se submetem a essa situação, muitas vezes, de vulnerabilidade e dignidade, enfim, ocupando espaços totalmente inadequados -, procurando entender todo esse contexto. E, a partir daí, começar a construir soluções viáveis que não passassem necessariamente pela reintegração de posse. E, para isso, a gente se viu na contingência de visitar as áreas de conflito. Aí que está o grande diferencial.

A visita técnica da Comissão?

A visita técnica. O grande diferencial é a visita técnica. A visita técnica propicia a compreensão desse contexto e, a partir daí, a construção de soluções de consenso. E isso acontece dentro de um âmbito do que nós chamamos de processo estruturante, porque nós chamamos para nos auxiliar na mediação todos os possíveis interessados na solução do problema, ainda que não façam parte da relação processual. Nós não nos limitamos àquela dicotomia assim, autor e réu. Nós chamamos todos os interessados ou possíveis interessados que, dentro das suas competências institucionais, podem auxiliar na solução do problema. Chama o Ministério Público. os municípios onde está localizada a área do conflito. Instituto Água e Terra (IAT), Cohapar, Cohab, e o Incra, quando se trata de ocupações rurais. E esse modelo criado no Paraná, modelo inédito.

Dá para chamar de inédito?

Sim, era inédito. Como conseguiu resultados expressivos, acabou servindo de modelo para outros estados.

Dá para dizer que, inclusive, o reconhecimento da Comissão se deve a uma particularidade também pelo fato de o Paraná ter movimentos organizados que criaram a Campanha Despejo Zero? Como o senhor vê o papel dos movimentos populares nessa história toda?

Os movimentos sociais são de fundamental importância para os fins da associação. E isso nós identificamos quando começamos a fazer as visitas, porque nós precisávamos de um 'interlocutor' - eu vou colocar aspas aqui na minha expressão - autorizado ou legitimado. Como são muitas famílias envolvidas, nem sempre é fácil você identificar uma liderança e que possa servir de interlocutor para aquela comunidade como um todo. E os movimentos sociais nesse aspecto acabam servindo de meio de comunicação com essas pessoas. Você pode me questionar assim, mas eles têm legitimidade para isso? Isso, para mim, na verdade, é uma questão secundária. Se tem ou não tem legitimidade, a partir do momento que o movimento social me dá acesso a esses locais de conflito e eu consigo identificar nos movimentos sociais um provável interlocutor, ele me serve para figurar na mesa de mediação. Então, assim, eu vou pegar dois exemplos.

O MST nas ocupações rurais, o Movimento Popular por Moradia (MPM) aqui nas urbanas, entre outros. São exemplos concretos de movimentos sociais já consolidados, já reconhecidos, e que nos têm auxiliado sobremaneira na construção de soluções de consenso. E, veja, não me preocupa, para fins de mediação, como foram construídos esses movimentos e qual o papel deles dentro da comunidade.

Que reflexões o senhor faz na medida em que o senhor se colocou numa mediação de um dos principais conflitos históricos da formação social brasileira? A questão da terra, seja da terra urbana, seja da terra rural e na medida em que o senhor também se dispôs a dialogar com forças opostas. Por exemplo, ir até os locais de área de ocupação, imagino que também, no outro lado, dialogando com eventuais proprietários das áreas. Uma mediação difícil, né? O senhor foi muito pressionado nesse período? Que reflexão o senhor faz sobre esse papel de mediar um conflito de classes, não resolvido, da sociedade brasileira?

No início dos trabalhos da Comissão, quando existia só no âmbito do Tribunal de Justiça do Paraná, nós sofremos alguma incompreensão sobre o alcance das nossas atividades. Muito se falou em proteção àquele que invadia terras privadas e públicas. Muito se falou em postergação dos processos. Mas a realidade que nós encontramos era muito diferente disso. Nós começamos a trabalhar processos que tramitavam a 10, 15, 20, 25 anos dentro do Judiciário sem uma solução efetiva. A partir daí, conversando com os movimentos sociais, conversando com os ocupantes, com os possíveis interessados, com os proprietários. Inclusive nós demos palestra para a Sociedade Rural lá em Cascavel para explicar o alcance do nosso trabalho...

Sociedade Rural do Oeste? (SRO – conhecido braço organizador do agronegócio no Oeste do Paraná, com histórico de criminalização dos movimentos populares – nota do entrevistador)

Isso. Sociedade Rural do Oeste. Fizemos um encontro com eles em Cascavel até para explicar o alcance da nossa atividade. Porque nessas áreas de conflito - eu vou pegar um exemplo aqui que eu acho que todos conhecem, que é a área de Pinhão (região centro do Paraná) -, por exemplo, Pinhão, não consegue prosperar do ponto de vista socioeconômico por conta dos conflitos fundiários. É a partir do momento que nós conseguimos equacionar os problemas desses conflitos, a prosperidade da comunidade ou da sociedade envolvida como um todo é um corolário lógico, né? Isso vai acontecer obrigatoriamente. Você, superando o conflito, as pessoas começam a viver melhor, investem nos seus negócios, e isso começa a gerar receita, gerar renda, gerar emprego e criamos um círculo, no meu modo de ver, virtuoso. Isso que nos anima a prosseguir no trabalho. Essa questão que você coloca dessa colisão entre a terra e os movimentos sociais, eu sei que existe isso, é nesse ponto que a gente trabalha, mas não é o que me motiva, na verdade. O que nos motiva é tentar construir soluções adequadas e com outro olhar para esse tipo de problema social.

Mais duas perguntas. Inevitável, me parece, esse processo gerar uma forma de empatia. O senhor mesmo, na ocupação Britanite, chegou a comentar que gostava do café sem açúcar, quer dizer, conhece as pessoas nas suas casas, toma café, conhece a situação legítima e impactante de grande contingente de trabalhadores brasileiros. E como o senhor se sente assim nesse trabalho que às vezes também tem que ir na mesma área dar notícia de que não há mais saída de negociação, como aconteceu na Tiradentes II? Como isso impacta o senhor? Desculpa se a pergunta parecer muito pessoal.

Não, não tem problema nenhum. Foi muito gratificante esse meu trabalho, essa identificação com essas pessoas que, de alguma maneira, depositam as suas esperanças nos trabalhos da Comissão. Isso é muito gratificante. Por outro lado, eu sempre fui muito franco durante a nossa atividade. Eu nunca prometi uma solução. Eu prometi muito trabalho para criar uma solução de consenso. E nas visitas que nós fazemos, nós deixamos muito claro que a nossa presença ali não significa em absoluto que as pessoas vão permanecer nessas áreas em conflito, até porque eu não posso prometer uma coisa que eu não posso entregar. E uma das coisas mais difíceis que eu fiz foi justamente isso, chegar nessas áreas, que eu já conhecia, que eu já estive lá numa outra oportunidade e volto com uma outra missão, agora, o ambiente um pouco mais tensionado, vou dizer assim, para explicar a elas que a mediação cessou, que nós não tivemos sucesso e o caminho seria a desocupação. Se ela não for voluntária, ela vai acontecer de forma coercitiva. Isso foi uma das coisas mais difíceis que eu fiz. Eu fiz em três oportunidades, em duas ocupações urbanas aqui em Curitiba e uma rural, no interior do estado. É muito difícil, mas faz parte do diálogo franco que nós prometemos manter com com todos os envolvidos.

O senhor tem ideia do número de visitas técnicas feitas nesse período?

Rapaz, foram mais de 200.

Agradeço aqui o espaço. O senhor gostaria de fazer mais alguma consideração final?

Não, Pedro. Eu que agradeço a oportunidade de poder conversar com você a respeito disso. A Comissão foi reproduzida em todos os tribunais do país. Os outros tribunais também têm conseguido soluções que eles não imaginavam que um dia poderiam ser construídas. E, enfim, mas é um trabalho, tem a parte gratificante, mas bastante difícil. Eu, toda vez que existe uma desocupação, pessoalmente, sofro muito, porque eu sempre acredito que a possibilidade do diálogo vai existir em qualquer, em qualquer situação. Às vezes não é possível, mas é isso. Obrigado.

Giorgia Prates: "Não há planejamento para a moradia na cidade"

Vereadora e fotojornalista envolvida com lutas sociais, ocupações e lutas por moradia, analisa o papel do poder público

08 de dezembro de 2023

Foto: Pedro Carrano

A vereadora Giorgia Prates (Mandata Preta – PT), presidente da Comissão de Direitos Humanos da Câmara Municipal, aborda o tema dos desafios da luta por moradia. Entre várias pautas, o olhar de Giorgia tem dado destaque para essa luta, que faz parte de sua própria história – da infância na periferia de São Paulo ao trabalho fotográfico em ocupações em Curitiba.

Pedro Carrano. *Como vereadora, você atua em várias pautas, mas parece ter uma ênfase na luta da moradia, que você já trazia isso da sua atividade repórter fotográfica. Qual é o seu envolvimento com a luta por moradia e por quê?*

Giorgia Prates. A luta por moradia sempre foi da minha pauta tanto jornalística como de vida mesmo. Quando a gente não tem moradia, não tem absolutamente nada, então é onde está a ausência completa dos direitos e da política pública. É um dos temas mais relevantes. Eu nunca estive nessa situação, mas já vi muita gente passando por ela. Onde eu morava, na periferia de onde eu vim, em São Paulo. Então, essa temática para minha mãe (líder comunitária) também sempre foi muito cara. (...) Obviamente, temos que fazer disso uma pauta de vida, de luta e de mudança também. Com o fotojornalismo, nas ruas, isso sempre foi para mim uma nuance muito importante, então eu sempre acompanhei as questões das ocupações, da entrada no terreno à desocupação violenta. E aquelas áreas que conseguiram se constituir. Como elas conseguem se organizar, nesses momentos, nessa luta, e aí é só aprendizado. Todo mundo precisa conhecer e precisa entender o que significa mesmo estar nessa luta por moradia.

No bairro onde você morava, em São Paulo, na sua infância, sua família tinha um acesso à moradia e você percebia no contexto do bairro essa luta? Podia contar mais?

Exato. É ali onde eu morava, no Jardim São Carlos, na periferia de São Paulo, o espaço onde eu morava já era consolidado, mas o entorno foi se formando através de ocupações. Assim, já aparece um grupo, depois outro e vai se formando um bairro mesmo muito grande e tal. Então, assim, desde as primeiras casinhas que chegaram ali perto, também eram crianças que acabavam sendo matriculadas na mesma escola que a gente. Então, era uma questão que sempre esteve assim próxima. E aí muitas vezes também que acontecia da polícia aparecer, enfim, fazer a reintegração de posse da mesma forma violenta como é hoje ainda, infelizmente, e aí minha mãe acompanhava muito isso. Na comunidade, ela era uma grande líder comunitária, então ela sempre esteve envolta ali nas temáticas de toda população, tanto em relação à moradia, como também das pautas dos animais, enfim, das crianças, principalmente. Então, ela sempre esteve muito envolvida com tudo isso e a gente participava. E aí eu lembro de algumas cenas. Uma que ela sai de casa correndo, está tendo uma desocupação, até pegou o cabo de vassoura e foi marchando lá para junto das pessoas e a gente acompanhando ela ali, sabe? São cenas que voltam fortemente para mim hoje, e justificam muito o fato de eu acompanhar. Enfim, tem isso, uma parte da essência mesmo. De entender que são pessoas. Assim, como todo o mundo, precisam de um espaço de moradia, de segurança.

Você poderia falar da questão dos despejos forçados, que você já vivenciou algumas vezes. O que significa para você?

E isso é algo muito ruim, porque, quando a gente fala da questão da reintegração de posse, ela nunca vem só com um documento, ela já vem acompanhada da imposição, da violência. Uma das piores que eu acompanhei foi a do Caiuá (Cidade Industrial de Curitiba, 2020). As pessoas entraram no terreno e logo já foram pressionadas, com violência extremamente brutal. E foi algo muito assustador, o tanto que as pessoas foram violentadas e não respeitando o fato de haver mulheres, crianças, idosos, num terreno que praticamente não tinha muito para onde correr.

As lutas da campanha, estadual e nacional, Despejo Zero propiciaram uma mesa de negociação com órgãos públicos e com a Comissão de Conflitos Fundiários do TJ. Mas a prefeitura tem sido uma ausência sentida. Como você vê isso?

Sim, existe um silêncio e uma ausência da prefeitura que é muito expressiva. E aí acaba culminando nesse lugar, de novo, do desrespeito. Porque quando a gente fala sobre a questão da ocupação, a gente está falando de um projeto de prefeitura que não existe, sobre projetos de moradia ineficazes, por mais que exista um setor que seria para cuidar disso, que é a Cohab. Mas não há esse planejamento para a moradia na cidade, então você vê que essa deficiência já existe a partir dali. E aí você vê também que as pessoas estão lutando. Nós estamos cobrando a prefeitura pela participação, pelo envolvimento na discussão e não se tem esse retorno. É algo muito assustador, né? Porque se o próprio poder Judiciário está colocando: 'Olha, para ter reintegração é preciso ter um planejamento' de despacho e moradia para essas pessoas. E aí a prefeitura ainda se mantém no silêncio? Então, assim, é de se preocupar. Eu não acho que exista um planejamento mesmo, não acho que exista nenhum plano de ação, não acho que existe nada que configure em algo que vá somar nesse debate, que a gente tem feito sobre a questão da moradia, por parte da prefeitura e a gente já fez isso várias vezes. A gente pede, cobra, eu aqui mesmo tenho feito isso muitas vezes, né? De pedir as informações e acabam vindo as mesmas. 'Ah, porque falta verba?' Falta isso, falta aquilo, mas para mim falta realmente a vontade mesmo de lidar com o tema, de entender que é um tema de extrema importância, principalmente de extrema urgência. E até tive, vou ser sincera, uma esperança de que em vista da eleição se aproximando, a gente fosse ter um olhar um pouco mais cuidadoso para isso. A gente tem o governo federal também que tem possibilitado algumas questões, tem trazido também esse debate, mas ainda não vejo, por parte da prefeitura, essa movimentação. Então, fica nesse lugar mesmo, que a gente tem que cada vez mais se fortalecer para fazer essa cobrança, insistir que isso aconteça.

O papel de vereadora te coloca num lugar importante para a luta por moradia, na relação com os movimentos populares? No episódio da Tiradentes II, você teve acesso a informações e pressão sobre o aterro da Essencis.

Eu acho que ajuda para principalmente introduzir mais o debate. Antes, nós tínhamos muito esse lugar, assim, de ser uma pauta política. Quando a gente fala de moradia ou questão de negros e negras, são pautas políticas que, no dia a dia mesmo, a gente não sentia nenhuma diferença. É óbvio que a gente está numa Câmara que ela é diferenciada por si só. Ela tem a maior parte de vereadores que não são da esquerda, que não trazem esse debate de moradia com a firmeza que a gente tem feito. E existe já a dificuldade natural de se debater isso aqui de maneira a preservar e falar dos direitos humanos. Quando você cita a Tiradentes II, já na iminência de ocorrer a reintegração de posse, aqui eu consegui, por meio da Comissão de Direitos Humanos, dialogar com outros vereadores que também precisam fazer parte desse debate, trabalhar essa temática na cidade. E levá-los para conhecer a Essencis e entender a pauta, o que foi importante. Uma possibilidade do fato de eu estar aqui é que consegui trazer as pessoas da comunidade para dentro da Câmara, para falar sobre essas temáticas, sobre as suas problemáticas e, principalmente, para elas mesmas oferecerem a solução. Isso tenho feito com muita frequência e, por outro lado, também já muda assim um pouco essa visão de que 'não havia como'. Porque o que a gente escuta sempre é 'não tem possibilidade', 'é difícil', mas não é bem assim. Eu acho que é isso, assim, se a gente tem vontade de fazer, a gente faz, tem vontade de buscar.

Você participou também das mesas de negociação, convocadas pela Comissão de Soluções Fundiárias do Paraná. Qual sua opinião, limites e possibilidades, sobre esses espaços de mediação?

A gente falou logo de início dessa ausência da prefeitura nos debates. Por outro lado, muitos outros atores têm entrado no debate e acho que isso é um grande ganho. O que você citou agora, de juntar, de querer cobrar mesmo muito mais, mas também de chegar no entendimento. É, por exemplo, quando a gente fala que, na decisão do Judiciário, veio essa informação de que há necessidade de ter um planejamento para ter essa reintegração de posse, isso já é uma mudança muito importante. Porque o papel do município é oferecer esse trabalho. Quando tem envolvido a empresa e o particular, geralmente, então o município fala 'não é comigo'. E ponto. Só que o projeto de moradia ele tem que ser do município, da prefeitura. E aí, quando outros órgãos entram para fazer esse debate, eu acho que já tem toda uma mudança de panorama, de uma situação. Por mais que esteja acontecendo ainda a passos lentos e ainda com muito debate, e até muita luta, por parte desses órgãos e desse coletivo que está se formando, que não é um coletivo só, temos juntado todos os órgãos competentes também e as pessoas da própria comunidade para fazer todos esses debates. Então, quando a gente se junta para fazer esse movimento, eu acho que aí já tem um movimento de esperança para um futuro melhor. Assim, em algum momento, a prefeitura não vai mais poder continuar em silêncio.

Seu mandato aposta num acompanhamento mais cotidiano das comunidades. É possível? Qual o desafio? Uma vez que hoje há muito oportunismo nas periferias, mexendo com os sentimentos do povo, gerando expectativas, o que para a esquerda é sempre perigoso. Quais os desafios de um trabalho de base permanente.

Exatamente. Acho que quem está dentro nunca vai querer mudar esse jogo, sabe? Mas quem está fora precisa. Porque assim é quando nossas vidas são palco da vida alheia. A gente corre sérios riscos na vida, na rua, na periferia, nas escolas, na universidade, são muitos riscos. E assim, e esse lugar de insegurança já não nos cabe mais. Hoje estou aqui, entendendo esse espaço (Câmara Municipal), mas as pessoas chamam já sabendo que a Giorgia vai. Estou entendendo como funciona e me perguntando como que a gente foi tão relegado todo esse tempo. E é esse lugar mesmo. Sabe que muitas pessoas vão falar sobre a negritude, sobre a periferia, sobre a morte dos jovens, das periferias, enfim, mas né? O trabalho que faz com que isso tudo cesse, que é o que a gente realmente precisa, não tem sido feito, mas dá pra fazer, e acho que essa é a dinâmica, sabe? Quando você perguntou desse outro olhar ali, né? O que é que muda? Muda que na rua já tinha dúvidas. E aqui tenho certeza: não estão fazendo. Mas eu acho que esse lugar que você tocou é bem importante, da gente ficar mais perto. E não permitir mais que nossas vidas sejam só palcos de debate, mas sim espaços de transformações. De mudanças reais mesmo.

Alguma consideração e questão que queira complementar?

Sim. Eu acho sempre que é importante ressaltar é a questão das pessoas que estão nas ocupações, que fazem a luta por moradia o tempo todo. São essas pessoas que fazem isso acontecer. Eu aqui me sinto só uma parte de uma ponte possível, sabe? Enfim, uma engrenagem. Mas sempre quero muito dizer que as pessoas que fazem a luta da moradia, quem está no dia a dia, que ocupa o terreno e faz a transformação dele acontecer. Quem se organiza nas comunidades, então assim eu prezo sempre pelo respeito e sempre pela minha admiração. Então, toda vez que o tema é moradia, eu tenho que dizer que admiro e estarei sempre junto, porque é esse lugar, de sobrevivência. Mais que isso: um lugar de dignidade, é um lugar de sororidade, principalmente. E nada paga, não tem nada que possa tirar, mesmo sob total violência, esse espaço sempre vai existir e ele é garantido por quem faz a luta, por quem está no dia a dia das ocupações, na luta por moradia. Então sempre gosto muito de agradecer a existência dessas pessoas e a luta delas também.

Padre Joaquim Parron: solidariedade exige luta e organização

Padre redentorista atuante da Vila Torres afirma que as melhorias locais foram resultado de organização do povo

22 de abril de 2021

Foto: Pedro Carrano

O padre Joaquim Parron, doutor em Ciências Sociais e Teologia pela Catholic University of America (Washington/EUA) pertence à Congregação Redentorista e tem se destacado, ao lado de outros segmentos, na capacidade de solidariedade, mobilização e apoio às periferias de Curitiba na mais grave crise social do século 21.

Com reconhecimento da sociedade, o teólogo aponta que, muito além da imagem de oferecer "a vara e o peixe", é preciso "conquistar também o lago para que todos tenham trabalho, teto e terra, ou seja, vida digna".

Pedro Carrano. *Sua trajetória como religioso coincide com a Teologia da Libertação?*

Joaquim Parron. Sim, a minha trajetória religiosa está intimamente ligada ao Evangelho de Jesus Cristo que foi ao encontro dos pobres e marginalizados da sociedade. Quando ele diz: "tive fome e me deste de comer" (Mt 25, 35) é a expressão da religião e do cuidado das pessoas e, de modo especial, às menos favorecidas. Quando diz: "Ame a Deus e ao próximo", então o fariseu pergunta a Jesus: "Quem é o meu próximo?", assim ele conta a parábola do Bom Samaritano que encontrou uma pessoa jogada na rua e essa pessoa de bom coração socorreu esse homem ferido. A igreja trabalha com os movimentos populares para levar a mensagem de esperança e também a edificação de um mundo justo e fraterno. A igreja sempre vai defender a dignidade da vida e especialmente dos marginalizados.

O senhor ressalta a necessidade das doações, mas que também é preciso a organização popular e avanço na geração de renda. Como não ficar apenas no dito assistencialismo?

Eu uso três figuras: "o peixe", "a vara de pescar" e o "lago". Com as doações de alimentos estamos dando 'o peixe para matar a fome'. Damos também pelo nosso movimento SOS Combate à Fome Cursos Profissionalizantes, que chamo de "ensinar a pescar". Mas as trabalhadoras e os trabalhadores vão 'pescar e encontram o lago fechado - já com donos: capitalismo'. Por isso, é preciso formar consciência, despertar para a cidadania e lutar pelos direitos básicos para a vida digna. Assim, podemos conquistar também o lago para que todos tenham trabalho, teto e terra, ou seja, vida digna. Nesse contexto, faz-se necessário a organização por luta por direitos, moradia e trabalho. A organização supera o assistencialismo – 'que é dar o peixe".

Nesse sentido, quais são as experiências de organização em bairros que o senhor acompanha?

Desde muito jovem, dos 17 anos de idade, participo de movimentos populares – lutando por moradia, por terra e por salários justos. Os meus cinco primeiros anos da vida religiosa acompanharam a Pastoral da Terra - na luta por terra e reforma agrária no Mato Grosso do Sul. Graças a Deus temos mais de mil famílias assentadas até hoje que participaram dessa luta nos anos 80. Também tive participação decisiva no Xapinhal, região que tornou-se a referência de moradia nos anos 80 e 90. Hoje acompanhamos o SOS Vila Torres (atual SOS Combate à Fome) que ajuda na organização em várias periferias de Curitiba.

Apesar de central, conhecida e acessível, a Vila Torres há décadas é símbolo da desigualdade. Faz parte do projeto de urbanismo desigual de Curitiba. Nesses anos todos o que mudou na região?

O que tem ajudado na Vila Torres é a luta constante das lideranças nessa região. Tivemos muitas promessas do poder público em trinta anos, mas com muito pouca realização. Se não fosse a união e a organização comunitária estaríamos com muitas outras desvantagens. Uma luta que caminha paralela é a revitalização do rio Belém, que corta toda a Vila Torres, uma luta ecológica. Lembramos que lutamos por uma 'ecologia integral', que salve o planeta, mas também os pobres dessa terra.

Roberto Baggio, do MST: “O problema social é um problema político, não policial ou judicial”

Dirigente do MST no Paraná faz um balanço dos ganhos e desafios da campanha Despejo Zero

12 de março de 2024

Foto: Wellington Lenon

"Acho que não tem jeito. Nós vamos ter que ampliar a nossa capacidade de pressão sobre o Estado brasileiro, para que, digamos, o conjunto das políticas públicas chegue para milhões", afirma Roberto Baggio, dirigente nacional e estadual do Movimento dos Trabalhadores Rurais Sem Terra (MST), apontando os desafios organizativos passado o primeiro ano de governo Lula.

No Paraná, Baggio enxerga um acúmulo organizativo que passa pela experiência da Vigília Lula Livre, depara-se com uma situação nova na pandemia, "ficou visível para nós a existência da fome", e se fortalece nas campanhas de solidariedade, chegando à articulação Despejo Zero.

Um dos dirigentes populares mais experimentados nos últimos anos, antes da pandemia, Baggio já havia participado da coordenação da Vigília Lula Livre, durante 580 dias, de 2018 a 2019; da construção anterior do Fórum de Lutas 29 de Abril e da Frente Brasil Popular no Paraná. Uma década antes, enfrentou a repressão do governo neoliberal de Jaime Lerner contra o MST no estado.

Um obstinado pelo tema, sua preocupação é, essencialmente, organizativa. Nesse acumulado de experiências da classe trabalhadora, Baggio aponta a necessidade de os conflitos sociais serem vistos enquanto luta política, não enquanto problema do aparelho coercitivo do Estado. E cabe, de acordo com ele, às forças populares neste período pressionar, exigir e fazer luta, mantendo sua autonomia em relação ao Estado.

Pedro Carrano. *Do ponto de vista do MST, que balanço político e organizativo vocês fazem da experiência da campanha Despejo Zero, nacionalmente e no Paraná? Que, me parece, teve elementos novos, na mobilização social das forças populares.*

Roberto Baggio. O Despejo Zero nasce numa realidade muito dura, que é produto da pandemia. Então, a pandemia deixou as comunidades, os trabalhadores, que são mais frágeis na sociedade, sem nenhum tipo de alento, de cuidado, de apoio de políticas públicas. Essa é a realidade da pandemia. No sentido de que a epidemia era nova, não se conhecia, então, havia todo o medo, a insegurança da sua origem e tudo mais. Este é um primeiro componente. O segundo componente? As políticas públicas, o Estado federalizado, ele não assegurou nada. Cometeu um conjunto de crimes, na medida em que a função do Estado, do ente público, é proteger. Mas a política federal do Bolsonaro foi estimular a matar. E na medida em que ele não tomou nenhuma medida de importação de vacinas, nem estimulou a produção interna, o mais agravante foi, além disso, esse conjunto de notícias falsas que ele distribuiu para ampliar a morte. Nunca tivemos um contexto assim, nunca. Um outro componente da realidade foi também, digamos, que boa parte do setor produtivo empresarial aproveitou a pandemia para fazer avançar sua retirada de muita gente do trabalho e dos direitos trabalhistas. E o terceiro componente daí, junto com tudo isso, foram as ameaças de despejo que só se intensificaram, porque foram o produto também dessa grande crise social que resultou ali. Então, num quarto cenário, talvez também o componente da fome. Que passou a ser um componente real, na medida que não tinha salário e produção. Então, talvez seja um momento da História de maior crise social aguda, em que as populações mais empobrecidas ficaram desguarnecidas de tudo, absolutamente ficaram ao relento, sem nenhum tipo de produção de cuidado. Nesse contexto, eu acredito que a iniciativa do Despejo Zero, a legislação existente de construir uma estratégia nacional, o poder Judiciário de estabelecer alguns limites sobre o Executivo criminoso, tudo isso foi muito importante. Por exemplo, essa decisão do ministro Barroso foi muito importante nesse contexto todo (ADPF 828).

No Paraná, eu acho que essa conjunção de forças, de diálogo, envolvendo Ministério Público, a Defensoria Pública, os movimentos sociais do campo, depois esses movimentos urbanos que se agregaram no Despejo Zero, nesse processo em que o Tribunal de Justiça, a Secretaria de Estado de Justiça, Direitos Humanos e Cidadania (Sejusc) foi um grande espaço de atuação, de mediação, de evitar uma tragédia ainda maior. Então, acho que nesse aspecto foi bem positivo, porque essa articulação Despejo Zero foi um processo organizativo, e em que sentido? De pôr as comunidades envolvidas. Algumas áreas eram produtos de ocupação desse tempo. Então, as famílias também de certa forma minimamente reagiram, se organizaram, ocuparam terrenos, constituíram comunidade e, ao mesmo tempo, começaram a se organizar, dialogar, construir uma pauta comum, fazer marcha, caminhada, fazer negociação, fazer celebração. Foi uma experiência positiva, bonita, fundamental para que se evitasse mais mortes. Sem essa iniciativa organizativa e de mobilização o que aconteceria? Eu acho que esse é outro componente também nesse processo todo: se intensificou uma cultura de solidariedade. Então, digamos, ficou muito visível um movimento da sociedade brasileira no sentido de se movimentar, de se solidarizar, de partilhar. Nós da reforma agrária também, digamos, foi uma experiência muito rica, no sentido de fomentar que as famílias assentadas pudessem se envolver nessa cultura da solidariedade. Então, boa parte da solidariedade chegou nos mundos urbanos, do Paraná e mesmo no Brasil. E tem tudo isso aqui, digamos, seria um caldo de realidade, de dureza e de morte. E, por outro lado, essa realidade respira essa necessidade coletiva de se organizar com as pessoas que estão envolvidas e parte da militância que se envolveu nesse processo e ajudou a construir o que nós chamamos hoje de articulação Despejo Zero.

O MST sempre teve um papel de visualizar a unidade, de fazer pontes com outras organizações da classe trabalhadora, inclusive urbanas. Mas dá para dizer que, com a política de solidariedade, houve uma experiência nova, entre aspas, nesse sentido de contato direto nas áreas de ocupação urbanas, embora o MST já fosse uma organização aberta à unidade de classe?

Imagina, assim que a pandemia, a realidade mais paranaense aqui da prisão do Lula, os depoimentos, a Vigília Lula Livre, todo esse processo que é anterior ao Despejo Zero, foi no fundo uma retomada de trabalho de base. Ensaios, iniciativas, nesse tempo que vai desde 2015, uma certa intensidade de iniciativas na grande Curitiba, na região metropolitana e no interior do estado também, em função da realidade concreta aqui do rompimento do pacto democrático. Porque resultou na retirada da Dilma, na prisão do Lula. E se contestou. Então, tudo isso aqui, digamos, todas as forças fizeram algo de ensaio no período. Durante a pandemia, eu acho que se intensificou, então a pandemia é um período de intensidade maior das práticas de solidariedade. Elas foram mais massivas. Isso foi, de certa forma, gerando uma fotografia da realidade, foi revelando o território - de muita pobreza, de muita violência, de crises sociais, de ausência de trabalho organizativo. Então, eu acho que isso tudo revelou a necessidade de ter um trabalho de retomada do trabalho de base permanente. O Despejo Zero é um pouco esse trabalho anterior que, digamos, vai aos poucos canalizando nesse rio maior, que seria a questão da moradia urbana, que é um problema massivo e atinge muita gente. E está presente nas capitais e regiões metropolitanas, o deficit e moradia estrutural. Então, sobre esse problema comum, eu acho que foi aos poucos revelando-se como um eixo que mais aglutinava e mobilizava as comunidades, as populações que viviam nas grandes cidades. E acho que, na medida que ligamos, incorpora na agenda política da sua necessidade o processo de mobilização e de negociação, foi ganhando empatia, força popular, tudo mais que resultou nessa unidade maior, hoje, com a bandeira principal, as famílias terem uma casa para morar, uma retomada de política pública da habitação. E, junto com isso, vem as outras, vem a segurança, vem a alimentação, saúde. Mas eu acho que há um componente rico a retomada de um trabalho de base permanente. Envolvendo o quê? Os milhares e os milhões que estão excluídos de tudo, de política pública, não tem nenhuma mediação da luta corporativa nem na luta partidária. Na parte ecumênica até deve ter. Mas aí, com a visão conservadora, atrasada, que ali é que mais aliena do que liberta. Então ter a possibilidade de organizar todo esse processo que mobiliza, negocia e luta, foi algo extraordinário. E o que é que foi positivo? Eu acho que a estrutura das categorias sindicais, as forças partidárias, o movimento social um pouco mais organizado, sempre que possível, precisa oferecer o seu suporte material para que isso aconteça. Então, isto é uma coisa muito valorosa no sentido de termos recebido esse apoio da solidariedade material dos setores da classe operária melhores estruturados, por mais que se somaram, partilharam o seu pequeno aporte financeiro que tem para as mobilizações mútuas.

E a sua avaliação sobre o papel que a Comissão de Soluções Fundiárias assumiu nesse período, que é colocado como um exemplo para todo o país. Como que se deu esse processo? Quais as possibilidades importantes e os limites também disso.

O Paraná tem uma longa tradição de mediação de conflitos fundiários. Em alguns momentos da história do Paraná, os governadores estaduais utilizaram, digamos, posturas progressistas. Eu vou dar o exemplo do tempo do José Richa (governador do Paraná entre 83 e 86). Ele, tanto para o mundo urbano como no mundo rural, teve postura de políticas jurídicas avançadas, entendendo o problema social, não o problema policial ou jurídico. No sentido de não cumprir algumas reintegrações de posse.

Isso é um fator importante. O tempo que o Requião foi prefeito e governador, da mesma forma. São posturas que foram colocadas na sequência, também em função da problemática social, da luta social, do crescimento da mobilização, mesmo nos governos conservadores do Lerner, perante greves e conflitos, ele recuou, não utilizou o mandato de reintegração imediata, enfim, sempre houve margem de negociação. E, com a chegada, digamos, do Tribunal de Justiça, e houveram essas iniciativas que envolvem principalmente a Sejusc, esse coletivo de desembargadores, Fernando Prazeres, Maria Aparecida Blanco de Lima, Rui Muggiat e um conjunto de outros juízes, com as ponderações e o apoio do Ministério Público e da Defensoria Pública. E mesmo os setores do Executivo, do parlamento, da Assembleia Legislativa, também com as mediações de setores da igreja. Ou seja, aos poucos, foi se constituindo uma cultura política um pouquinho maior para tratar o problema social como um problema político, de falta de políticas públicas e não um problema policial ou judicial. Então essa iniciativa do Sejusc foi muito importante, porque daí traz o problema social da mediação na mesa de negociação e tira ele da mão da polícia ou da guarda municipal, que só quer reintegrar e despejar, não quer saber para onde que vai. Esse acúmulo, que é parte da decisão do Barroso, a estruturação de Sejusc, tudo isso de certa forma dá uma luz mínima para a problemática social, em um tempo em que o executivo é criminoso porque o governo federal nessa época tinha como prioridade matar pessoas. Ou pela ausência da vacina, pela existência do vírus e pela ausência de políticas públicas. Então, digamos, há uma mediação desse porte, uma mediação política importante, importante porque traz a problemática para outra mesa – onde, digamos, o olhar é um pouco maior, se não é possível resolver, então também não vamos ampliar a violência. Já são comunidades frágeis. Então, eu acho que a experiência, digamos, de mediar e dialogar em torno da questão é muito importante para quê? Para ganhar o tempo necessário para superar essa política nazifascista, representada pelo governo Bolsonaro. E, com a eleição do Lula, voltam as possibilidades das políticas públicas que, de fato, são uma possibilidade real de resolver os conflitos. Então, eu acho que esse tempo foi um tempo muito positivo, muito necessário e que evitou muito mais mortes. Salvou vidas, esse tempo das ações de solidariedade do Despejo Zero, responsável por salvar vidas nesse tempo histórico.

Campanha Despejo Zero é das grandes experiências organizativas desde o período da pandemia, no Paraná / Foto: Juliana Barbosa

O MST, nesse período, foi percebendo que a campanha Despejo Zero cumpriu um papel, entre aspas, de educador organizativo classe, no sentido de incorporar o acúmulo das diferentes organizações. Você falou da mesa de negociação, da mobilização, etc. Como você vê isso: o MST se colocou, no interior da campanha, para cumprir um papel e também aprendeu e acumulou a partir dessa experiência?

Bom, nós, na reforma agrária, produzimos comida. E as ações solidárias vimos o quão importante foram, para a gente ter se aproximado do mundo urbano e nessa aproximação a nossa militância produz, arrecada, distribuiu. Então, foi um trabalho de crescimento ideológico enorme, para quem participou a partir da sua comida, sentiu, conheceu como vive o setor da classe operária urbana. Foi muito positivo, muito de entender como a outra parte da classe operária está no sentido da sua vivência da moradia. Esses dois componentes eu acho que, digamos, são as necessidades mais massivas do mundo urbano, que é a moradia e a comida. Então, esses primeiros ensaios, começando a organizar marchas e tudo mais. Na medida que foi criando um cimento, uma liga importante, cimentando a luta pela terra e pela moradia numa mesma estratégia.

Em torno de uma pauta que é local e também é nacional?

São duas questões que são federalizadas, são estadualizadas, são municipalizadas. Mas numa coesão de força envolvendo o Estado brasileiro do município, o governo federal e governo do estado e as forças sociais que estão envolvidas, os movimentos, as suas comunidades. Sua alta representação gera, digamos, uma pauta política. Então eu acho que esse foi o acerto do ponto de vista da tática política, no sentido de nós nos juntarmos politicamente entre o campo, a cidade, em torno de pautas bem concretas, e que as políticas públicas poderiam atender as duas políticas de lei, políticas da moradia, política da terra e a política de produzir comida também – são políticas públicas do Estado brasileiro. (...) Foi uma bonita experiência nova nesse tempo. E, talvez o mais importante de tudo é preservar a autonomia política em relação às forças partidárias, em relação ao aparato do Estado, para não ter asfixia e seguir se movimentando.

Foto: Pedro Carrano

Agora, mais uma pergunta, na atual conjuntura, como é que vocês estão vendo perspectivas para esse ano, o segundo ano do governo Lula?

No ano passado, tudo o que a gente vinha acumulando, de certa forma, a gente manteve e algumas conquistas pontuais. Então, imagino assim, na medida que o governo Lula está minimamente recompondo as políticas públicas, então vemos com possibilidade real a ampliação das políticas públicas pelo conjunto de setores da moradia, do alimento, do trabalho, da terra para a cultura, recursos para a educação, para pesquisa, é um processo crescente nesse indicativo de maior capacidade do Estado de intervir. E, ao mesmo tempo, uma ampliação da mobilização popular. Acho que não tem jeito. Nós vamos ter que ampliar a nossa capacidade de pressão popular sobre o Estado brasileiro, para que, digamos, o conjunto das políticas públicas chegue para milhões. As necessidades centrais estão na erradicação da fome. Já a campanha

Despejo Zero, para multiplicar cozinhas comunitárias das comunidades, estimular hortas comunitárias, estimular pequenas panificações com iniciativas de autoconstrução, tudo fundamental. E o segundo é a moradia. Eu acho que a moradia talvez seja a política pública mais necessária para esse tempo. Me parece que ao redor de 6 milhões de casas são necessárias no Brasil. Então, seria a riqueza se o movimento social conseguir, de certa forma, minimamente, organizar e ser parte desses grandes mutirões da moradia, o que vai gerar um grande processo de mobilização. De cooperação. De mutirão, que também vai melhorar as condições de vida. O cara vai ter sua casa e tudo mais. Mas gera uma consciência social mínima e cultural que é tão necessária. Porque não adianta apenas vir com a política pública. É da sua materialidade. Mas se a sua consciência fica alienada, regressiva, não desperta nada. Então, acho que o trabalho político é o elemento político organizador, é fundamental aos próprios movimentos e também na função do Estado. Fazer essa tarefa da organização, da politização e da organização da comunidade é tarefa das forças sociais populares, uma vez que o Estado brasileiro vai entrar com a partilha material que recolhe nos impostos e vai repassar via política pública para atender as necessidades da população, seja terra, casa, escola. Mas, esse trabalho organizativo, formativo, de geração de consciência social e política é das organizações, dos movimentos que mobilizam essa população.

Mas alguma coisa que você gostaria de acrescentar?

Seguimos. Que o Despejo Zero cresça, se fortaleça e se nacionalize como a grande frente da moradia e das funções dos problemas urbanos

“As comissões de conflitos fundiários mostraram-se um mecanismo útil”: Daisy Ribeiro

Advogada reflete sobre conquistas e desafios da campanha nacional Despejo Zero

1 de novembro de 2023

Daysi Ribeiro, integrante da campanha Despejo Zero, no Paraná e também nacionalmente, define que essa articulação conseguiu pressionar, durante a pandemia e atualmente, pela presença de órgãos públicos na negociação da situação das famílias ocupantes, evitando despejos forçados no período da pandemia. Por sua vez, a Comissão de Soluções Fundiárias, sobretudo no Paraná, é ferramenta que aproximou o poder Judiciário da real situação das famílias. O desafio hoje é pressionar pela participação de prefeitura e governos estaduais, em um contexto mais favorável à luta por moradia e pelo espaço das cidades. Daisy Ribeiro é advogada popular e assessora jurídica na organização de direitos humanos Terra de Direitos. É mestre em Direito pela Universidade de Konstanz, Alemanha, e graduada em Direito pela Universidade Federal do Paraná.

Pedro Carrano. *Que balanço você faz da campanha Despejo Zero, sobretudo nacionalmente?*

Daysi Ribeiro. A campanha Despejo Zero conseguiu feitos inéditos, inclusive internacionalmente, quando vimos despejos em outros países, até por conta do aluguel, e aqui fomos o país que conseguiu que houvesse suspensão das remoções urbanas e rurais. Tivemos o desafio de ter feito isso em momento desfavorável, no contexto do governo Bolsonaro, que rechaçou medidas que auxiliassem as famílias, assim como diante de um Congresso Nacional muito difícil. Daí veio a grande potência da Campanha Despejo Zero, que aliou campo e cidade, junto com articulações nacionais, conseguiu capilaridade, realizou lutas locais e regionais, a partir de grandes frentes de atuação, conquistando vitórias, gerando mapeamento, diante de problema social tão grave. Agora, estamos em outro momento político.

Quais os desafios hoje, passada a pandemia?

No Paraná, a campanha teve bastante força, com atos de rua e audiências, marcadas por grande presença dos órgãos públicos, na importante manutenção de um diálogo contínuo, com Ministério

Público, Defensoria Pública do Estado, Superintendência Geral de Diálogo e Interação Social (Sudis), Tribunal de Justiça, outros órgãos, o que mostrou potência. Trata-se de uma articulação que não existia antes. As comissões de soluções fundiárias mostraram-se um mecanismo útil, a exemplo do que tivemos no Paraná, que foi a Comissão do Tribunal de Justiça, com a proposição de audiência de mediação e proposta de soluções fundiárias. Antes disso, que raro era ter uma juíza em área de ocupação, nunca tinham pisado num território, agora puderam ao menos ver por si mesmos, algo muito importante e relevante pra todos os Tribunais de Justiça no país, algo que pode garantir que o Judiciário esteja realmente presente nos territórios, gerando um saldo importante, e casos de sucesso.

O problema maior neste instante parece ser a omissão do poder público na esfera municipal e estadual.

Recentemente, estamos vendo casos para os quais ainda não temos soluções de políticas públicas a nível federal, um desafio que se coloca para os municípios, priorizando famílias de baixa renda. Embora dependa muito de cada conjuntura local, temos também visto casos em que é necessário trazer o poder público para a mesa de negociação. Ouvimos relatos de diversas naturezas, conseguimos, ainda que de maneira tímida, condicionantes mínimas, o que deveria ser observado, a nível mínimo do que são os padrões internacionais, para esses critérios, dentro da necessidade que as pessoas não ficassem sem moradia. O poder público, de maneira prévia, deve garantir o mínimo para dignidade da pessoa humana, inclusive questões condicionantes, para não termos cenas trágicas, várias violações, que sabemos que acontecem. São Paulo descumpre decisões do Supremo Tribunal Federal em várias matérias. É preciso garantir alternativas adequadas, o que não é só despejo com data marcada.

Despejo forçado de 300 famílias da ocupação Guaporé, na Cidade Industrial de Curitiba, no dia 17 de dezembro de 2020, uma situação de violência anterior à ADPF 828 / Foto:Pedro Carrano

“Precisamos no Paraná de um sistema de monitoramento dos conflitos fundiários”

João Victor Longhi elenca a importância de acompanhamento da Defensoria e visita técnica às áreas em risco de despejo

Bárbara Górski Esteche e Pedro Carrano

28 de novembro de 2023

Coordenador do Núcleo Itinerante das Questões Fundiárias e Urbanísticas (Nufurb), da Defensoria Pública do Estado, João Victor Rozatti Longhi tem sido um dos atores presentes no acompanhamento de conflitos fundiários, urbanos e rurais, no Paraná.

Com mais de 360 áreas com risco de reintegração de posse, o Paraná é um exemplo analisado em todo o país por ter criado mesa de negociação entre movimentos populares, áreas de ocupação, campanha Despejo Zero, a partir do trabalho da Comissão de Conflitos Fundiários do Tribunal de Justiça.

Em entrevista, Longhi elenca os desafios do atual momento, o projeto exclusivo de mapeamento dos casos de conflito e a importância de um Judiciário que, ao menos passou a visitar e entender a dinâmica das comunidades.

Foto: Defensoria Pública do Estado

Pedro Carrano. *Vocês divulgam o dado de 367 áreas coletivas, urbanas e rurais com conflitos fundiários a partir de pedido de reintegração de posse. Qual é a avaliação sobre este cenário em que a Defensoria tem atuado?*

João Victor Rozatti Longhi. Os dados que divulgamos foram compilados e estudados há alguns meses, então há uma lacuna de cinco a seis meses no que a gente conseguiu compilar. Então, eu estimo que hoje tenhamos mais de quatrocentos processos coletivos de reintegração de posse. Veja, neste número de processos, como de praxe, muitas vezes os reintegrantes fatiam para conquistar, então pode haver mais de um processo sobre a mesma área, ao passo que você tem processos também cuja área é tão grande que talvez devessem ser inclusive subdivididos. Mas, o que chama a atenção desse número é que eu estou há dois anos no Nufurb...

E antes era a Olenka (Lins e Silva Martins, defensora pública, atuou no período da pandemia, acompanhando o caso trágico de despejo da Guaporé 2, em dezembro de 2020)?

Sim, dei continuidade ao trabalho da Dra Olenka, que viu nascer o Centro Judiciário de Soluções de Conflitos e Cidadania (Cejusc), a Comissão de Soluções Fundiárias, que assim se chama hoje no Brasil inteiro, por força da Resolução 510, inspirada no nosso modelo do Paraná. É muito importante que se diga isso, que a coisa nasceu aqui. Quando eu cheguei, eram 73 processos. Ainda que esse número (367) não seja o número atual, estimo que estejamos com mais de 400 áreas. Então, os processos não cresceram porque os conflitos cresceram, os processos cresceram porque o sistema de justiça passou a ter um olhar diverso do que era antes para a questão dos conflitos fundiários coletivos. Bom, primeiro, a liderança desse processo passou a ser de quem de fato a exerce, que é o Judiciário. Eu já disse isso em entrevistas: qualquer um pode mediar, a Polícia Militar, em São Paulo, diz que faz mediação. A Defensoria poderia mediar, mas me parece que só o Judiciário tem o papel institucional de fazer a liderança e trazer todos os atores processuais e extraprocessuais para esse processo. (...) Então, o Tribunal de Justiça do Paraná fez a sua liderança. E qual é o papel da Defensoria? Primeiro, cumprir a sua função institucional, que é a de fiscal das vulnerabilidades, conhecido como *custos vulnerabilis*, nome chique para dizer que o Ministério Público faz a função de fiscal da lei, mas há lugares, e em especial com base na autonomia funcional que tem o promotor, há lugares que o fiscal da lei entende – não vou entrar nesse mérito –, que as pessoas têm que ser retiradas do local sem realocação, porque são invasoras, quando não se usa o meio ambiente de maneira com aporofobia. Ou seja, "eles são pobres", um termo chulo típico desse posicionamento. São pobres, precisam sair, se fosse um condomínio fechado de rico ninguém estava agredindo o meio ambiente, o exemplo mais emblemático que vimos in loco foi no Graciosa (Pinhais). Um exemplo, um fragmento. Já me perguntaram: O que você acha que o Paraná tem de comum com o Brasil? De fato, tem lugares diferentes do ponto de vista do conflito. Mas a estrutura é a mesma. No tratamento da ADPF 828, o Supremo Tribunal Federal (STF) ainda não escreveu isso, não sei se escreverá, mas me parece que é estrutural mesmo. Estamos mexendo na base da sociedade brasileira. Então não é fácil. Mas está sendo exitoso. Nesse balanço, aumentarmos em quase cinco vezes os nossos processos mostra que a justiça se aproximou do problema, não o problema que alterou a sua quantidade.

Nesse tema do mapeamento, ainda assim os dados da realidade podem estar incompletos?

Esse é um outro passo que, em breve, sairá, estou passando em primeira mão para o Brasil de Fato, estamos trabalhando num mapeamento disso. Precisamos urgentemente no Paraná de um mapa, de um sistema de monitoramento dos conflitos fundiários, em que todo mundo tenha num site -, quero ver se eu ponho uma telinha aqui e saber: 'Então, houve intimação nova de despejo numa cidade X?', então, precisa estar no nosso mapa. Prefeitos, autoridades, estão sabendo que isso vai acontecer na sua cidade? Ou vão acordar com o povo na frente da prefeitura? Então, como balanço geral, eu diria que cresceu muito a demanda (de casos), ao mesmo tempo a gente conseguiu se aproximar, visualizar e enfrentar o problema.

No sentido dessa aproximação, qual é a importância da visita técnica às áreas de ocupação?

A Resolução 510, de junho de 2023 do Conselho Nacional de Justiça (CNJ), perceba que ela aposta no processo de mediação. Na verdade, o que é dito? Olha, primeiro, o Tribunal precisa criar

Comissão de Soluções Fundiárias, e vai usar um dispositivo que foi colocado na Constituição, em 2005, vai fazer vinte anos, e que nenhum tribunal tinha feito, como a Constituição determina, que o juiz vá in loco. Só que, ao longo desses vinte anos, outros institutos normativos surgiram, dentre eles o custos vulnerabilis, que tomou a forma definitiva no Código de Processo Civil, no artigo 565 em especial, dentre outros, que diz: A Defensoria tem que ser intimada, no caso de conflitos multitudinários, em que há pessoas com gratuidade judiciária (...). Em que pese a mistura de conceitos, a lei diz: Defensoria tem uma função, que é fazer a defesa daqueles que não têm condição de constituir um advogado e muita gente está nessa situação.

E ainda sobre a dinâmica das visitas?

Sobre as visitas, na Resolução 510, a aposta na mediação é um segundo momento. Por quê? Para a gente fazer a mediação em um caso de tamanha magnitude é necessário um sistema autônomo de mediação, diferente de mediar uma situação de família, casos individuais, que podem ser resolvidos numa sala, por exemplo. As visitas técnicas são fundamentais para mim, porque têm todo esse caráter simbólico, que já foi mencionado, "Finalmente está tendo justiça na minha terra, finalmente o Estado está olhando pra minha situação jurídica". Não com a violência estatal, não com o aparato repressor, não com a força pública, mas está vindo aqui de forma franca e aberta dialogar comigo, inclusive se for para dizer que está tendo decisão judicial da qual não podemos fugir. Então, a visita técnica tem o caráter simbólico, tem o caráter informacional, apesar de não constituir prova no processo, eu não posso atestar que, segundo a visita técnica, a área é desse ou daquele tamanho, não posso, porque não é um laudo, ela inclusive deixa em paralelo a lide (controvérsia jurídica), para ir atrás do problema social que está por trás disso. Vai lá, conhece a área, conhece as pessoas, entende a dinâmica da ocupação, para então sentar à mesa e fazer a mediação. Para mim, a resolução inaugura um sistema autônomo de mediação, que depende na verdade da visita técnica, senão você não consegue mediar, para não ser algo capenga, uma mediação *pró-forma*.

Enquanto Nufurb, qual a sua percepção do papel dos movimentos populares nesse processo? Do que foi o papel da campanha Despejo Zero e das mesas de negociação após os atos?

A Defensoria Pública surge onde o sistema não conseguia chegar. O sistema de justiça, como foi dito, analisa papel, atos processuais, e não tinha essa interlocução, mais que necessária, com a sociedade civil, em especial as pessoas em situação de vulnerabilidade. O que eu quero dizer com isso? Pensando num sistema de justiça criminal clássico e pensando na crítica criminológica sobre um sistema de justiça que foi se distanciando e encastelando. A Defensoria Pública surge em 1988, ela ganha um formato importante em 2009, com o instrumento pioneiro das ouvidorias, e uma ouvidoria justamente composta por pessoas de movimento social. Se você vir a forma de composição da nossa ouvidoria é isso. Movimentos sociais votam, no conselho de direitos humanos do estado, posteriormente vem para o nosso conselho superior, para decidir quem vai ser o integrante da lista tríplice. Temos a ouvidora Karollyne Nascimento (Karol) – é um papel ilustrativo do que tem que ser o papel da Defensoria. Porque, veja, a Defensoria tem o papel de custos vulnerabilis, mas é sine qua non que a gente estabeleça um diálogo constante com os movimentos sociais (...) Então, os movimentos sociais são tão fundamentais para mim que eu criei o projeto do Nufurb em Rede, que é uma autorização da minha chefia de troca constante de informações com órgãos públicos e representantes dos movimentos sociais, porque sem as informações de vocês, sem os dados dos moradores, sem essa mobilização constante de vocês, eu diria que muito do nosso trabalho ficaria vazio, tanto que quando muitas vezes eu estou em processos onde não há movimentos atuando, é mais difícil a relação com a comunidade. E é um princípio basilar para qualquer atividade processual: dividir enfraquece. Então, do ponto de vista da Defensoria, temos nos movimentos sociais a necessidade de fortalecimento do nosso elo, estamos de portas abertas e esperamos que sempre estejam. Caso contrário, se os movimentos verem a Defensoria como algo distante, é porque o sistema de justiça está falido há muito tempo. E, da ótica das negociações, é organizar as visitas técnicas e as audiências para justamente vocalizar o que a comunidade quer. Então, o papel dos movimentos populares é fundamental, para ajudar a organizar a voz da comunidade.

Nacionalmente, passamos pela pandemia, as orientações importantes do STF e a ADPF 828 e o Supremo prorrogando os prazos umas duas vezes, mas aqui em Curitiba aconteceu o despejo da Povo Sem Medo, como exemplo negativo e de um eventual risco. Como você analisa o que aconteceu?

Conseguimos fazer prognósticos, mas o futuro é difícil dizer. Mas vou dar minha opinião. Quanto à Povo Sem Medo, fui lá pessoalmente. Tinha uma bruta de uma estrutura da FAS, da prefeitura, e eu fiquei sabendo acordando de manhã, "olha, estão despejando a comunidade que você acionou o STF", é verdade que não ganhamos naquele momento. O processo continuou e as orientações estavam vigentes. Tudo para dizer que para mim o despejo da Povo sem Medo, para ser ameno e eufemista, ele foi muito exótico se comparado ao que dizia a ADPF. O MP não foi intimado, eu não fui intimado. Um oficial de justiça me ligou e disse: - O senhor pode vir aqui. E eu respondi: - Eu posso ir onde eu quiser, mas a questão é que eu não devo ir, porque eu não fui intimado, peticionei nos autos, aguardando decisão de suspensão, e é lógico que o juiz não suspendeu, com as retroescavadeiras lá. O Ministério Público peticionou pedindo a nulidade do cumprimento. E simplesmente o fizeram. Mas por sua conta e risco porque o cumprimento de uma liminar pode gerar responsabilidade. E assim a construtora resolveu fazer, em um processo público muito estranho, a retroescavadeira lá, o juiz não suspendeu, e equipamentos da própria empresa, tudo aquilo muito estranho, sorrateiro e exótico, sem intimar a Defensoria. Meu posicionamento é que a gente tinha que ser intimidado com antecedência sobre o cumprimento de todas as ordens, e eles dizem que não, por razões de segurança. Mas que segurança é essa que a prefeitura pode saber e a Defensoria não? E para responder a segunda pergunta...

Sobre o risco para outras comunidades.

Não está ausente a vigência da ADPF 828. Mas o que temos hoje é um regime de transição, estabelecido pelo ministro Roberto Barroso, que sacramentou certos avanços que a pandemia trouxe, em especial o que eu chamo de direito subjetivo à realocação, o que está muito claro nos artigos 14 e 15 da resolução 510, inclusive a resolução do CNJ diz quem vai fazer. O município vai fazer, isso é claro, ao arrepio de certos municípios, que inclusive estão lutando pela inconstitucionalidade, onde nós rebateremos.

Então, em condições normais, a Resolução 510 pode garantir um tratamento correto às comunidades?

O que a ADPF trouxe de fruto concreto foi a resolução do CNJ, que é nítida ao dizer que o sistema de justiça inclusive se responsabiliza se isso não acontecer. Uma resolução do CNJ é de seguimento obrigatório pelo magistrado de segundo grau. (...) Se o município não apresenta o plano, então para mim não pode ter despejo. Se isso vai ocorrer ou não, atos ilegais, não sei, espero que não. Monitoro diariamente.

Instituto Democracia Popular: uma crítica às políticas públicas para moradia em Curitiba

Conheça mais sobre o IDP, uma das entidades que se soma à luta por moradia no interior da campanha Despejo Zero

11 de janeiro de 2024

Com participação constante na campanha Despejo desde 2021, o Instituto Democracia Popular (IDP), é uma das entidades de apoio urbanístico e jurídico às áreas de ocupação em Curitiba. Atuantes há mais de dez anos, desenvolveram uma visão crítica sobre a construção de uma cidade excludente e sobre a ausência de políticas públicas em Curitiba e no Paraná.

Ao longo da entrevista, duas integrantes do IDP, a advogada Mariana Auler e Libina Rocha, presidenta do Instituto, fazem um resgate das pautas na área da moradia e das diferentes lutas que marcaram o período 2012 – 2016 e, mais tarde, da resistência das comunidades, durante a pandemia, contra despejos forçados. Mariana Auler é advogada e mestre em direito público pela UFPR, estuda políticas públicas e planejamento urbano. Já Libina da Silva Rocha é a atual presidenta do IDP, militante e liderança popular. Foi enfermeira e empresária e hoje é administradora.

Libina (esquerda) e Mariana (dir): prefeitura sempre realizou projetos de regularização e remoção autoritários – Foto: Pedro Carrano

Mais que isso, Mariana e Libina traçam uma duríssima crítica ao papel que a prefeitura de Curitiba tem feito, historicamente, nos processos de regularização fundiária. Das formas de remoção e realocação autoritárias, passando pela ausência de participação nas mesas de negociação convocadas pela campanha Despejo Zero.

Pedro Carrano. *Que áreas o IDP tem acompanhado? Se puderem dar um panorama, no acompanhamento das áreas de ocupação região de Curitiba e no restante do Paraná?*

Libina da Silva Rocha. Bom, a gente acompanha a São Domingos (bairro Cajuru), que é a primeira, já tem uns 10 anos que a gente faz esse acompanhamento e lá teve a estratégia, que é única, de fazer ações de usucapião individual. Foi pensado numa forma de fazer pressão. Então, a gente teve algumas vitórias recentemente depois de todo esse período. E daí tem o complexo da Cidade Industrial de Curitiba (CIC) que acompanhamos também faz uns 10 anos, desde o início. A gente acompanha (as áreas) Nova Primavera, Dona Cida, 29 de Março e a Tiradentes. E dá apoio para a área Tiradentes II. Tem o próprio Ribeirão dos Padilhas. Foi quando surgiu o IDP. A gente nem sonhava em ter o instituto. Então, o Ribeirão vem antes um pouco do instituto. É porque foi um projeto de regularização fundiária a partir da Cohab. Mas, quando o projeto chegou lá, era um projeto de remoção. Era de cem por cento basicamente a remoção. O projeto era o discurso de regularizar. Mas, quando o pessoal percebeu que era remoção e não regularização no local, então foram acho que uns três anos que o pessoal estava bem mobilizado.

Ribeirão fica aonde?

Libina. Xaxim e pega parte do Sítio Cercado. Então, ali eu também considero como uma vitória, porque eles estavam bem fortes e as casas já estavam prontas ou as casas que eles queriam remover as famílias que eram longe, lá no Tatuquara, e com esse coletivo forte, então, não foi efetivado. Eles colocaram outras famílias lá e as famílias específicas ali não conseguiram regularizar de fato, mas também permanecem como estão.

Mariana. Fora de Curitiba, a gente atua em dois casos, em União da Vitória e Palmas, com o setor de direitos humanos do MST, que foi uma atuação conjunta. Enquanto eles estavam estruturados em torno do coletivo Jatobá. Encerraram os dois casos. Finalizaram o de Palmas, inclusive teve um desfecho e vão regularizar as famílias lá. Há alguns ciclos que foram de atuação do IDP, que tem uma relação com o contexto de governo, inclusive federal, disposição de políticas públicas e também com uma resposta no sentido de pensar uma ferramenta de luta territorial ali a partir da experiência do Ribeirão.

Porque foi um momento que teve esse pessoal que vinha da advocacia trabalhista, que se envolveu com o caso e pensou em estruturar, digamos, um braço que fosse mantido pelo escritório de uma advocacia voltada à luta social. O Ribeirão dos Padilhas é uma ocupação, mas é antiga, do final da década de 70. Então você vai lá e você nem diz que é uma ocupação. Só que teve uma intervenção ali a partir de 2011. Que foi uma intervenção do município a partir do Programa de Aceleração do Crescimento (PAC), então uma verba grande do PAC, que parte foi para a regularização fundiária, mas num propósito de implantação de um parque linear ali no Xaxim. Só que foi um processo bem arbitrário, que só se propunha à remoção das pessoas que não tinham título de propriedade, apesar de serem casas de alvenaria de um padrão bom já, depois de tanto tempo. E as realocações estavam sendo feitas para projetos do Minha Casa, Minha Vida, no Tatuquara, umas casas pequenas. Depois, tiveram até problema de qualidade de construção, com o teto caindo, coisas assim, que daí foi um momento também que existia uma crítica, da forma como o IDP fazia a leitura, da consecução dessas políticas no nível municipal, porque era a verba de produção habitacional sendo gasta para realocar pessoas que não precisavam de realocação. Então era um erro na política de regularização fundiária, um erro na produção habitacional. E daí a partir dessa experiência o IDP começa numa perspectiva de atuar em áreas de regularização fundiária, numa proposta de vamos fazer debate de regularização, de qualificação das áreas onde estão esses moradores, pensar em segurança jurídica da posse, então a gente começa mais nesse ciclo. As áreas nesse momento que a gente tinha uma proximidade maior, a Canaã (Novo Mundo), a Vila Joanita (Bairro Alto) a gente também atuou. Tinha uma articulação mais ampla que, daí, incluíram outros atores que acompanharam.

Um perfil de áreas já com certo tempo? Não como a iminência de despejo, com uma certa urbanização, em parte o próprio povo também construiu. Mas áreas que ainda não estavam regularizadas.

Mariana. Então, era mais uma perspectiva de construção da política pública de regularização fundiária no município. E uma reivindicação de reconhecimento, que era isso, perfis de áreas consolidadas. Não teve essa questão de uma eminência de despejo. Os problemas que adivinham das formas que estavam estruturadas as políticas públicas, estava vindo recurso, e a forma como elas acabavam sendo feitas no município, a proposta de regularização fundiária era bastante conservadora, com muita realocação. Éramos críticos sobre como as coisas ficavam acontecendo aqui na ponta. Tinha então dinheiro para Minha Casa, Minha Vida (MCMV), só que, em vez de produzir para pensar no deficit, estava sendo feita a realocação de projeto de regularização fundiária, que não tinha necessidade, em muitos casos.
Libina. Nessa época, criou-se o movimento, entre 2011 e 2013, e a gente chegou perto de acompanhar umas 30 associações de moradores.

O movimento Aliança por Moradia?

Libina. Isso. Todos com esse perfil de serem áreas irregulares, de muito tempo, a maioria era esse perfil, e que estava com o projeto de remoção, na verdade.

Mariana. De regularização, mas um projeto de regularização autoritário, digamos assim, com muito pouca flexibilização de padrões por parte da concepção do município, mesmo. Então, "Ah, aqui não dá porque falta 3 cm na rua. Aqui o lote está muito pequeno..". Então um pouco também dessa incidência na perspectiva da regularização era incidência sobre os projetos. Que vinham de uma forma muito autoritária, construídas pelo município mesmo, sem diálogo com essas comunidades que estavam sendo impactadas.

Certo desrespeito ao próprio contexto dessas comunidades, que às vezes é isso, querem ficar onde construíram toda uma vida e uma estrutura?

Mariana. Exato, tem todo esse contexto de as pessoas terem feito urbanização da área. É só que também a participação no projeto de regularização, porque todas essas áreas têm, em alguma medida, algum tipo de reivindicação de melhoria de estrutura, certo? Então, em vez daquilo ser construído, digamos, de uma forma mais coletiva, e com consulta a essas comunidades sobre problemas. Mas, ao contrário, são projetos autoritários porque não estão olhando a base do território no sentido de pensar quais são os problemas efetivos. O que seria possível melhorar? O que seria possível reconhecer da forma como estava? Enfim, nesse sentido, com muito pouco diálogo. Essa linha da Cohab de chegar marcando casa, "você sai, você fica", enfim, então, teve muito esse problema com a institucionalidade municipal, com o trato da Cohab em relação às comunidades.

Libina. Eu acho que Cohab é o maior entrave nosso. Pode-se dizer que não tem diálogo com eles e eles são muito autoritários e é por onde passa toda a política habitacional de Curitiba. Você não tem interlocução com o pessoal da própria prefeitura. E é assim o que a gente sente, que eles atuam da forma só que convêm. Eles estão atuando pelo município e quando não convém daí eles são uma sociedade de economia mista que tem que ter lucro. Aí a gente sempre se deparou também com essa questão, da política habitacional de Curitiba para passar tudo por ali. Porque eu fui a muitas reuniões na época, em 2012, 2013, e se via muito esse discurso. Ora, se dizia "poder público" e ora a companhia dizia: "A gente não pode simplesmente sair fazendo. A gente tem que fazer todo um planejamento, porque a gente tem que ter lucro. A gente não pode ter prejuízo", enfim, então isso é uma coisa que a gente se depara. De lá até hoje, a gente vê o mesmo discurso.

Desse processo, vocês vão passando também a atuar com a situação das áreas de ocupação mais recentes?

Mariana. Foi esse segundo momento, relacionado às ocupações ligadas ao Movimento Popular por Moradia (MPM). Começa com a Nova Primavera, em 2012, antes da fundação do Instituto, mas depois que foi fundado, a gente passou a atuar na defesa desse caso. No processo de reintegração de posse da ocupação Nova Primavera. Daí depois já a segunda ocupação, que foi feita 29 de Março. Apesar dela não ter processo judicial. Depois, a Tiradentes, que foi feita em 2015. Por último, a Dona Cida, feita em 2016. Nesses casos, todos foram vários processos, né? A Dona Cida é mais de uma área, então são três processos. Na Tiradentes, são dois processos, porque um é do aterro, um é dos proprietários. E na 29 de Março? Apesar de não ter, é uma área pública municipal, nunca teve um processo de reintegração de posse proposto pelo município. Mas a gente teve, em 2018, o incêndio, que foi um processo que gerou várias questões jurídicas ali de acompanhamento. Que é isso, é outro contexto, é outra estratégia de ocupação naquele momento, o MPM estava fazendo essas ocupações pensando muito nas estratégias pautadas pelo Movimento dos Trabalhadores Sem Teto (MTST), que ocupava as áreas não para já, digamos, lotear e estabelecer as residências. Era um processo de ocupação para depois vir com a reivindicação da produção habitacional via Minha Casa Minha Vida Entidades (MCMVE).

Então, essas ocupações vieram de uma outra lógica. Num sentido de um movimento social mais orgânico, também com estratégias políticas mais definidas. A gente atuava nos processos judiciais, mas isso de uma forma muito conjunta com a estratégia política que estava dada. Foram ocupações que começaram com a estratégia política mais definida. Então a gente sempre fez esse trabalho de uma forma conjunta com o movimento ali na Cidade Industrial. E o que foi acontecendo nessas áreas das ocupações do MPM é que a gente também passou por muita transformação dos governos, tanto na escala municipal, mas também especialmente na federal. Então, tinha negociações acontecendo em 2016. Daí a gente tem o golpe. Na sequência, já tem uma reestruturação do Minha Casa, Minha Vida. A gente não tem mais MCMV Entidades. Fica nesse vácuo e nisso as comunidades internamente passaram a mudar a sua própria reivindicação, porque não era possível também ficar naquele padrão de construção, *ad aeternum*, considerando que não tinha mais a perspectiva de vir o programa.

A própria pressão sobre a prefeitura também se esgotou ali no final da prefeitura do Fruet também.

Mariana. Isso. Em 2017, começa a gestão do Greca. Então, o Fruet teve coisas que, por exemplo, ele não deu respostas a contento. Só que, ao mesmo tempo, a Cohab, comparativamente ao período anterior e ao período posterior, ela tinha mais interlocução. Era o Ubiraci Rodrigues (presidente da Cohab na gestão Fruet). Ele recebia as pessoas, então foram feitas muitas reuniões na Cohab. No caso da Nova Primavera, avançou efetivamente em negociação. Tanto que o processo judicial da Nova Primavera fica suspenso por inclusive aceite dos proprietários por muito tempo até mais ou menos 2017, que é quando se retoma a partir do campo judicial. Porque no campo administrativo/político tinham se esgotado absolutamente todas as possibilidades. Então, assim, a gente não teve respostas ao conteúdo no governo Fruet, mas a gente teve um diálogo muito melhor. Tanto teve esse caso da Nova Primavera que foi efetivamente negociado, no interior da Cohab e teve para vir a verba do MCMVE. E, depois, a gente nunca mais teve interlocução por parte do município. Foi aprovada também a lei do aluguel social, em 2015. Em 2016, era o Fruet ainda. Não foi feita a dotação orçamentária e daí depois simplesmente aquilo saiu do radar da prefeitura, a partir de 2017. Apesar de a lei estar válida ainda. Teria que ter uma reivindicação de orçamento para legislação que foi construída, mas a lei está válida ainda. Aquela lei de aluguel social que foi construída em 2015, só que daí teve todas as transformações. Assim, não tinha muito como contar com a política pública na própria estratégia. Então, o cenário judicial, quando a gente tem esse enfraquecimento dos caminhos políticos administrativos, ele acaba virando a arena central de disputa, volta para o campo judicial quando a gente não tem esses caminhos. Então, depois de 2016, toda negociação passa a vir pelo campo mais judicializado e as comunidades passam a mudar um pouco o pleito de reivindicação. Quando a gente vê essa desestruturação das políticas públicas, as próprias comunidades, elas, em alguma medida, se reordenaram. Do ponto de vista territorial mesmo, de se replanejar. A Tiradentes mesmo é uma comunidade que foi muito grande. Ela começa, acho que tinha umas 800 famílias, era muito grande a ocupação. E como teve ameaças seguidas de despejo ali na área, teve um dado momento que diminuiu o volume de famílias. Então, eles fizeram um planejamento da área territorial, que inclusive um pessoal do Sindicato dos Engenheiros do Paraná (Senge) ajudou, uma professora da UTFPR, Simone Poli, também contribuiu para a área. E então eles se reordenaram e todas as comunidades, num dado momento, começaram a reivindicar a regularização, trazendo a narrativa de que eram áreas consolidadas que, na verdade, aquilo precisava ser reconhecido. Então saiu de cena, digamos, a reivindicação da MCMV.

E aí se encerra um período conjuntural e se abre outro na luta por moradia?

Mariana. Teve esse ciclo. Teve uma mudança também da atuação, que é com a pandemia e daí um agravamento mais sério ainda com o contexto de ter o governo Bolsonaro, as portas mais fechadas ainda em termos de diálogo, os processos de mediação. E daí, com a pandemia, mesmo as áreas que a gente tinha um cenário de uma certa estabilidade ali da posse, passa a ter outros problemas. Então, essa questão da segurança alimentar. A gente teve também seca aqui em Curitiba, em 2020/2021. Afetou muito essas áreas. Então, algumas reivindicações dessas áreas passaram a ser de outra ordem e, por outro lado, houve articulação, via Despejo Zero, e pela interação com o MST, que passa a crescer desde a pandemia, na articulação do IDP, especialmente por conta dessas articulações para a gente conseguir chegar em certos territórios, dentro da linha da segurança alimentar, passa a existir uma interação maior. E daí, nesse processo, como pensar no núcleo da Despejo Zero, aqui em Curitiba e no Paraná, que daí foram construídas algumas coisas em colaboração. Então, com o MST, a gente acompanhou esses casos no interior. E, também, num âmbito mais coletivo da Despejo Zero, discutir as estratégias que eram transversais a vários casos aqui em Curitiba, que daí também é um outro contexto de ocupações. Que a gente está falando assim que foram ensejadas por um agravamento da crise social durante a pandemia. Então, a gente vê as ocupações crescerem na cidade e daí é um outro cenário. E é muito interessante, do ponto de vista das assessorias jurídicas, a gente percebe essa movimentação. Que é isso: em todas as atuações, seja nessas áreas que estão mais ligadas à pauta da regularização e são mais antigas, seja nas ocupações do MPM que vieram dentro desse contexto da Minha Casa Minha Vida, a gente sempre teve uma proeminência, digamos, maior do campo administrativo/político, refletindo nos processos. Quando a gente começa a pandemia, como esses canais estavam absolutamente fechados, o Judiciário tomou uma proeminência gigantesca. E, de algum modo, também é isso que reflete, no sentido de ter a criação da Comissão de Conflitos Fundiários. Eu acho que tem questões que dizem respeito à pessoalidade ali, por exemplo, do Fernando Prazeres, que eu acho que foi uma pessoa que se sensibilizou efetivamente dentro do Judiciário para a questão e tocou em alguma medida a estruturação ali da comissão, dentro do Tribunal de Justiça. Mas eu também acho que isso foi possível devido à articulação, à reivindicação da Comissão de Conflitos Fundiários, ela parte de uma reunião que é feita pelo MST junto com a Confederação Nacional dos Bispos do Brasil (CNBB), junto com o governo do estado. Então, isso parte de uma reivindicação do movimento social de experiências pretéritas que a gente teve do governo Requião, quando houve, enfim, uma instância de mediação de conflitos fundiários, que era ligada ao executivo, no governo do Requião (2002 - 2010). Foi desse governo também que foi criado a partir dessa experiência que a gente teve de mediação dos confrontos fundiários, que era ligada ao campo, que a gente tem a sentença de mediação e é dali que surge o Coordenadoria de Mediação dos Conflitos Fundiários da Terra (Coorterra), que também virou, digamos, em alguma medida, um modelo referenciado pelo Conselho Nacional de Justiça, depois dessa decisão final do Barroso na ADPF 828. Enfim, uma instância da Polícia Militar focada em conflito fundiário. Então, isso é uma especificidade do Paraná. Às vezes a gente vê uma discussão, como o surgimento da Comissão de Conflitos Fundiários, como se fosse, simplesmente, uma originalidade institucional.

Havia um acúmulo anterior.

Mariana. Exato. Um acúmulo que foi construído pelo movimento social. Assim, a experiência que a gente teve foi muito relacionada a essa experiência da mediação no governo Requião, que foi construída a partir dos movimentos do campo. Então, pensando nessa interação, da Despejo Zero e esse aspecto que eu acho que foi muito interessante. Foi a gente pensar nessa conjugação de diálogo entre o movimento do campo, MST, com as comunidades, os movimentos sociais urbanos.

Vocês têm uma avaliação, enquanto IDP, que a campanha Despejo Zero é uma experiência organizativa positiva? E vocês acompanham esse processo como uma entidade no interior da dessa construção.

Libina. Eu acho que, inclusive, muitas comunidades só conseguiram passar por esse período devido a essa união e a esse coletivo ali, unido, com os movimentos rurais e urbanos. E aí vem junto com isso essa questão do Sejusc (Centros Judiciários de Solução de Conflitos e Cidadania), que vem atuar e a gente conseguiu passar esse período da pandemia e segue nessa luta que, ao meu ver, eu acho que tem que ser fortalecida. Pensar em formas de fortalecer, porque tem essa questão de que na cidade, muito diferente do campo, é mais difícil de se manter essa organização, essa coisa tão forte no urbano. Eu acho que tem muitas questões, porque isso acontece, enfim, mas a gente pensar esse espaço de uma forma de fortalecer e continuar a luta. Os coletivos continuarem a luta através dela como instrumento. Porque vendo hoje a gente tem a Ouvidoria Agrária, e eu acho que tem que sair essa Ouvidoria Urbana. Eu acho que a campanha tem que fazer essa pressão no governo federal para que isso aconteça, e os coletivos fortalecerem ali, porque eu acho que a gente teve muito efeito positivo através dessa campanha.

Para advogada, aliar lei e pressão popular é fundamental para garantir direito à moradia

Integrante da campanha Despejo Zero, Bárbara Esteche explica que a mobilização garante vontade política para aplicar a norma

25 de fevereiro de 2024

Advogada popular, integrante da campanha Despejo Zero e da Frente de Organização dos Trabalhadores (FORT), Bárbara Esteche acompanha ao menos cinco áreas de ocupação em luta contra despejos e por regularização fundiária.

A advogada é taxativa ao dizer que o direito pode ser de uso tático para os movimentos populares, mas, em última instância, o determinante para a conquista é a organização popular. "É sim a vontade política e a correlação de forças entre os envolvidos nesses conflitos que fazem com que a realidade se movimente."

Para a militante popular, o principal obstáculo para a regularização fundiária é justamente a ausência de vontade política em cada região. Neste sentido, o papel da campanha Despejo Zero, no Paraná e no Brasil, é inegável.

Foto: Divulgação

Pedro Carrano. *Nesses três anos de Campanha Despejo Zero, quais desafios você enxerga na luta urbana?*

Bárbara Górski Esteche. A principal dificuldade nas áreas de ocupação que são mais recentes é com a prefeitura. É o principal problema tanto numa negociação para uma regularização fundiária, quanto para implementar melhorias de infraestrutura nas áreas.

A prefeitura considera que qualquer melhoria que seja realizada está legitimando aquela ocupação, então deixa de realizar. Por outro lado, não está aberta a conversar, não está aberta a participar das reuniões para as quais é chamada, muitas vezes não vai nem às audiências de mediação que acontecem nos processos judiciais. E isso inviabiliza a regularização fundiária (Reurb).

Há também um problema relacionado às comunidades mais antigas, que é o decreto municipal sobre a Reurb. Existe uma lei nacional que estabelece os procedimentos, mas também há em Curitiba um decreto municipal que estabelece exigências muito rígidas quanto à documentação.

É muito difícil ultrapassar essa barreira. Ao fazer o pedido da instauração do procedimento administrativo para a Reurb, no site da prefeitura, é obrigatório que sejam juntados vários documentos, entre eles mapas, documentos que exigem profissionais especializados na área e equipamentos técnicos que são também muito caros. Além de tudo, é contrário ao que está previsto na lei federal, que considera que a documentação mais difícil de ser obtida e mais especializada deve ser encargo do município.

Então, são obstáculos técnicos, mas que são colocados pela prefeitura já no próprio pedido que precisa ser feito para instauração do procedimento de regularização fundiária.

Que desafios há no que se refere a uma política da regularização?

Dá para sintetizar em três problemas. Um deles é relacionado às áreas mais novas, que é a ausência da realização da infraestrutura para não legitimar as áreas.

Em segundo lugar, acontecendo com as áreas mais novas e as mais antigas, a ausência do município em alguns espaços de diálogo.

Terceiro, relacionado às ocupações mais antigas, as normas, as exigências que são impostas para ser instaurado o procedimento administrativo de pedido da Reurb.

Nesse último caso, a própria lei federal garantiria a regularização fundiária. A lei nacional dá garantias e existe um decreto estabelecendo normas mais específicas para execução. Existiria no âmbito federal uma certa facilitação nesse sentido. Você teria uma certeza do que fazer. Agora vem o município e, mediante decreto, coloca empecilhos para a realização desse procedimento.

Há uma contradição, então, entre um cenário político atual mais favorável, algumas leis federais, mas nos municípios encontra-se uma indisposição para uma política para uma política habitacional?

Existe uma contradição entre o que está estabelecido em lei e as práticas. Isso também é visto no próprio âmbito federal. Não são implementadas as condições necessárias para que sejam executadas as leis, mesmo que federais.

A normatividade não garante, mesmo a nível federal, que haja ações para que sejam implementadas. Então é um poder que a norma não tem. É um poder fictício, de que a norma estabeleceria situações. Se essas situações precisam de vontade política, não basta que tenha a norma.

Aí sim, no âmbito municipal, existem as características da prefeitura local, que fazem com que tenha mais empecilhos para execução. Então, há falta de vontade política no âmbito municipal, e no âmbito federal em alguns casos.

A gente sabe que tem procedimentos acontecendo em determinados locais de regularização fundiária em que há vontade, e a gente percebe que, em outros locais, não há mais. Com certeza não é a lei federal, nem o decreto municipal que estão regendo essas vontades. Elas estão sendo usadas para isso e, é claro, cabe à classe trabalhadora usar essas previsões normativas também a seu favor.

Mas normas não estabelecem a realidade. É sim a vontade política e a correlação de forças entre os envolvidos nesses conflitos que faz com que a realidade se movimente.

Uma questão que no último período pareceu ter avanços foi a pauta contra despejos, que daí se sintetizou na Campanha Despejo Zero. Que reflexões você faz a partir da experiência da campanha?

Politicamente, a campanha Despejo Zero tem atuado e tem servido muito bem como um espaço para a unidade entre diferentes movimentos e comunidades. Nesse aspecto, o MST assume um papel muito importante de unificação. Envolve também profissionais do direito, do jornalismo, e outros que executam tarefas fundamentais para que vários eixos sejam abrangidos em apenas uma luta.

Eu percebo, na prática, que os movimentos urbanos, as ocupações urbanas têm especificidades em relação umas às outras.

Há um protagonismo hoje judicial que, a meu ver, vem do período da pandemia. O ajuizamento da Arguição de Descumprimento de Preceito Fundamental (ADPF 828), que teve decisões pela suspensão dos despejos durante o período da pandemia, levou a esse protagonismo e ao uso dessas decisões em favor das ocupações. Me parece também que o Despejo Zero tem agido de maneira muito adequada, por meio do uso dessas e do sistema de justiça a favor da classe trabalhadora, sem deixar de lado a esfera política.

A depender de como se dá a correlação de forças entre os envolvidos no conflito, o resultado será distinto. Isso fica muito mais nítido num processo coletivo de reintegração de posse. São os pedidos de despejo das pessoas da área que levam esses temas ao Judiciário, deixando mais nítido o papel da política nos processos judiciais.

Estamos falando de um cenário bastante complexo para as forças populares. A vitória do Bolsonaro em 2018 externalizou um desvínculo das organizações e dos partidos de esquerda com as massas. Essas comunidades não participaram da resistência contra o golpe em 2016, e há todo um debate na esquerda de voltar a fazer trabalho de base. Que lições e que aprendizados podemos levantar sobre este período?

Dos governos progressistas, que foi representado no Brasil pelos governos do PT, até parece senso comum falar disso, mas de fato existiu naquele momento econômico mundial uma opção pelo consumo e se deixou de lado muitas outras maneiras de se ter contato com a população de renda mais baixa.

Assembleia de moradores na comunidade Pontarola, no Tatuquara, em disputa com a Cohab / Foto: Pedro Carrano

A opção ali foi por incentivar essas pessoas a terem mais acesso a bens de consumo, que não significa que a população também tenha um desenvolvimento socioeconômico. Essa foi a política, entre outras, como Bolsa Família, voltadas à economia. O próprio Minha Casa, Minha Vida. São todas políticas muito voltadas ao acesso à renda.

Minha Casa, Minha Vida teve importância no acesso à moradia, mas teve também muitos problemas relacionados às faixas de 0 e 1 da população, que ficaram subprotegidas. Então a gente percebe mesmo que é real esse afastamento do cotidiano das comunidades periféricas.

Nessa retomada, que acontece na realidade da pandemia, em pleno bolsonarismo e governo de extrema direita, propiciou um ambiente de maior solidariedade.

Sobre a Comissão de Mediação de Conflitos Fundiários, quais foram os fatores positivos desse processo, dessa mediação do Tribunal de Justiça sobre os conflitos fundiários? E, sobretudo, quais são os limites?

A gente, enquanto Despejo Zero, já deixa evidente que o papel não é exatamente apenas da Comissão de Mediação de Conflitos Fundiários, mas que existe uma construção coletiva na qual o Despejo Zero tem papel fundamental e vem se desenvolvendo de maneira contingente, de acordo também com os momentos que a própria realidade histórica mais imediata propicia.

A Comissão vem a partir de uma necessidade também. Se fossem um processo judicial, se esses conflitos fundiários corressem de maneira tradicional, por exemplo, sem uma mediação, imagina o resultado disso?

A maioria das decisões são, sim, de reintegração de posse. Como que se começa, geralmente, a atuação dos advogados nessas ações? Mediante o chamado agravo de instrumento que as ocupações, a população das ocupações, já têm na ponta da língua, porque vem uma decisão liminar determinando o despejo, que foi pedido pelo proprietário da área, seja município, estado ou pessoa física, ou uma empresa privada. E essa decisão já vem pelo despejo imediato, sem possibilidade de manifestação e sem a citação prévia das pessoas.

Então, já se começa com, geralmente, um recurso, com um ataque a uma decisão que foi dada contra os moradores. Então, em regra, o que se teria seria um caos social maior ainda de despejos.

A Comissão de Mediação de Conflitos Fundiários é uma necessidade principalmente do poder público, que seria o maior responsabilizado pelos despejos. Eu digo que é o responsável porque caberia ao poder público no atual sistema em que se vive fornecer o acesso à moradia.

Vejo a comissão de soluções fundiárias como uma necessidade para que não exista um caos social. Isso é importante para os moradores, mas também para o poder público.

Aí também fica em evidência a luta de classes, nessa contradição interna do papel da própria Comissão. Porque ela é, na prática, benéfica aos trabalhadores, aos moradores das ocupações. Ela se torna um espaço de negociação que serve aos trabalhadores.

São coisas que em todos os espaços estão presentes: a correlação de forças para que exista a negociação dentro, os conflitos que existem entre as classes. Para que as classes dominantes cedam, é antes de tudo preciso uma resistência, uma insurgência popular.

Aí também o papel do Despejo Zero. Porque se não houvesse essa insurgência, essa resistência pela pressão contra o Estado, responsabilizando-o pela falta de moradia, não precisaria ter a comissão, porque os conflitos seriam resolvidos com despejos.

Sempre que se despeja, há uma massa que vai para a rua, uma massa reivindicando direitos. Dentro desse espaço se consegue fazer todas as pressões políticas de todos os lados para que isso seja usado a favor dos trabalhadores.

Como o FORT contribui ou se posiciona nesse sentido?

O FORT surge da prática de diferentes pessoas, em diferentes espaços e a partir das coisas que não deram certo. É a partir das percepções na realidade, do que as comunidades não estavam aceitando naquele momento, incluindo a percepção de que cada comunidade é muito específica. Existem comunidades que estão no mesmo bairro, mas que são absolutamente diferentes entre si.

O FORT é uma ideia que vem de conversas entre pessoas da militância com pessoas da comunidade. É dessas conversas entre essas pessoas que acaba sendo visualizada a necessidade de um formato diferente de organização das que já se tinha visto, em Curitiba, por exemplo. Considerando principalmente a autonomia entre as áreas e que a organização viesse da periferia, e não com um formato já estabelecido sobre a comunidade.

Mas que se pudesse apresentar um espaço que dê unidade também. Não como Despejo Zero, um espaço com linhas ideológicas convergentes.

No caso o pensamento convergente que se tem é a ideia de um povo forte, que não sejam estabelecidas normas comunitárias que acabem não dando espaço para o povo se desenvolver no dia a dia e criar e ter a sua vida de maneira espontânea. Que exista também uma participação efetiva do povo por vontade.

Então, é mais relacionada ao estímulo da participação. É também com formação política. Não uma formação convencional de sala de aula, mas uma que exista a politização em todos os espaços. E que se entenda que muitas vezes haverá coisas que virão de fora para dentro.

Mas não sem contexto e não sem ligação com a vida das pessoas. Acho que é isso que você traz como preocupação.

Existem duas visões no campo progressista, geralmente, que são bem marcantes. Uma delas é: não se pode trazer nada de fora para dentro. Por exemplo, levar nada do centro para a periferia. E existe uma outra visão totalmente paternalista de vamos levar nossa ideologia para a periferia.

Na verdade, na prática elas se confundem. Porque é muito difícil não se levar nada. Existe uma questão irreal aí, porque se carrega ideologias. Inclusive, contraditoriamente, mesmo no campo da esquerda, no campo progressista. Então quando se vai até um espaço, já existe uma proposta de fazer alguma coisa nesse espaço. É impossível, irreal, fictício que não influenciássemos aquele espaço. A própria presença já influencia.

Mas o que acontece na prática com essas concepções? É o oposto. É o extremo paternalismo porque, ao se verificar nas comunidades contradições ideológicas, seja por moralismo, seja por falta de compreensão da localidade, há muitos grupos que se retiram desses espaços. Na prática, quando se retira de um espaço porque não aceita esse espaço, é porque não se aceita aquele espaço como é.

Os territórios não funcionam como a nossa ideia das territorialidades específicas. Chega-se aos territórios, é preciso primeiro compreendê-los. E há sim contradições nesses territórios, que fazem parte da ideologia dominante. Há contradições em relação à nossa moralidade burguesa e há também contradições em relação à totalidade burguesa.

Quando se depara com essa moral distinta, muitas vezes não se suporta essa contradição. Mas há também a influência da totalidade burguesa e isso é sim algo que nós, do campo da esquerda, pelo menos os marxistas, queremos mudar. Então, se há uma vontade em superar o capitalismo e a ideologia dominante é preciso que se venha ideias de fora. É preciso sim, politização. É preciso organização mas, antes de tudo, aceitando o local como ele é, para então poder modificá-lo.

Bruno Meirinho: Desafio das políticas de moradia passa por combater o neoliberalismo

Urbanista aponta que o conceito de comunidades tradicionais deveria ser estendido para locais de moradia urbanos

20 de setembro de 2023

O advogado e especialista em urbanismo, Bruno Meirinho, acompanha diversos conflitos fundiários, áreas em luta por regularização e comunidades urbanas, algumas das quais integram a campanha Despejo Zero. Em entrevista, Meirinho é crítico às companhias de habitação mistas, como Cohab e Cohapar. Ele vê como um fator importante o papel da Comissão de Conflitos Fundiários do Tribunal de Justiça. Porém, adverte, é preciso romper com a lógica neoliberal que rege o urbanismo nas cidades.

Quais os desafios desse período e do governo Lula (PT) no tema da moradia?

O desafio, em uma palavra, é o neoliberalismo. As cidades se tornaram um instrumento financeiro. Então, o Estado e o mercado só olham para a cidade como um espaço para produzir mais dinheiro, e essa lógica esvazia qualquer outro viés que não seja o de que a cidade é mercadoria.

Essa é a "cidade neoliberal", que serve como cenário para circular dinheiro e produzir mais dinheiro. É verdade que toda cidade capitalista tem seu funcionamento em torno da produção de lucro, mas a cidade neoliberal se diferencia porque nela absolutamente tudo está mercantilizado, e nenhum elemento da cidade é valorizado por sua função social, paisagística, sanitária, educacional, de lazer, etc.

Até mesmo as praças só têm valor se servirem para agregar ganhos financeiros ao mercado imobiliário do seu entorno, e, por essa mesma razão, o cuidado com as praças é assunto privado deste mercado. A praça que não tiver valor para o mercado imobiliário, simplesmente deixa de ser uma praça, porque fica abandonada, esquecida e, eventualmente, é convertida em outro negócio.

A cidade neoliberal, portanto, vê cada parte da cidade, e a cidade como um todo, como mercadoria, ou seja, como dispositivo para gerar mais dinheiro. As partes da cidade, e a cidade como um todo, são elementos financeiros.

Então, o direito ao transporte, ao lazer, e outros direitos são tratados como ideias românticas. Eles não são vistos como reivindicações realistas, concretas. Quem defende o transporte pela sua função própria, que é transportar as pessoas de um lugar para outro, está falando uma língua estranha ao neoliberalismo, afinal, os elementos da cidade só existem se renderem ganhos financeiros.

Portanto, o pensamento dominante é de que qualquer intervenção urbana só pode ser feita se ela gerar mais dinheiro.

No primeiro governo Lula, qual foi a lógica para as cidades? O pensamento foi: "é assim que as cidades funcionam, totalmente voltadas para o mercado". Então o governo Lula propôs operar os mecanismos desta cidade neoliberal para produzir resultados sociais. Por isso, o Minha Casa Minha Vida (MCMV) é, predominantemente, um instrumento financeiro. Trata-se de uma política adaptada à cidade neoliberal, e o seu projeto é associar os resultados sociais de moradia ao mecanismo de circulação de dinheiro.

Afinal, como produzir moradia nessa cidade neoliberal? A chave é transformar o interesse dos bancos para que incluam, nos seus interesses, o de produzir moradia. Para isso, os movimentos sociais são convertidos em agentes do sistema financeiro, por meio do Minha Casa Minha Vida Entidades. Sem dúvida, há resultados favoráveis à moradia social e à organização popular, mas o que eu também vejo é uma relação de adaptação à lógica dominante da cidade. O risco evidente é o de não perceber que a cidade neoliberal não tem limites em sua própria lógica, e os problemas de moradia são estruturais à cidade neoliberal.

De certa forma, produzir moradia social de forma neoliberal é como enxugar gelo e, em algum momento, essa cidade neoliberal inviabilizará qualquer política social, especialmente se a produção de moradia popular for insuficiente para fazer frente à produção de despejos.

O poder público não combate essa situação, da cidade a serviço da financeirização?

Não tem combatido. No espectro político existente no poder público, há os que são neoliberais por convicção e há os que tentam extrair resultados sociais da cidade neoliberal. Falta um posicionamento estrutural contra a cidade neoliberal, apto a produzir um novo sentido para a cidade.

Ou seja, mesmo o pensamento crítico está orientado à adaptação.

E a lógica neoliberal dominante é cega para os resultados sociais, para a paisagem urbana e demais direitos sociais. Se o mercado dominante diz: eu ganho mais dinheiro despejando essas pessoas, fazendo condomínio, do que com MCMV, como o poder público irá reagir, se o seu último argumento a favor do MCMV foi o de que essa política pode gerar dinheiro? O gestor, já conformado com a ideia de que a cidade é financeira, só pode concordar. Então, houve uma reforma da legislação para assegurar que os planos diretores sejam participativos.

O que o sistema financeiro fez? Transformou o processo participativo em um processo alienante. Nada é compreensível nem tem escala humana em uma audiência do plano diretor. Há uma série de mecanismos que beneficiam o mercado especulativo, e as audiências públicas se tornaram eventos de apresentação de projetos voltados para o mercado, cheios de fórmulas e informações jurídicas e econômicas convincentes, mas que, na prática, atuam contra os interesses da própria população que, contudo, valida e aprova as ideias, sem ter compreendido realmente o seu conteúdo.

Então, o maior desafio da política urbana atual é o neoliberalismo. Ou seja, o problema está dentro da própria política governamental, que assimilou o neoliberalismo como uma fatalidade, e busca apenas arrancar resultados secundário. Se a política for essa, o fracasso é certo. Penso que deveria haver uma proposta estrutural de contraponto ao neoliberalismo nas cidades, e que não apenas buscasse obter vantagens residuais na cidade neoliberal.

Mesmo a iniciativa do MCMV você vê no marco da financeirização?

Sim, porque é algo voltado para a construção civil e para o mercado financeiro. Consequentemente, o MCMV teve muitas dificuldades para projetos para baixíssima renda, porque não tem o necessário resultado financeiro. No fim, quem decide a política pública é a construtora que diz: "eu não consigo fazer moradia para essa classe" e o banco que diz: "não me interessa financiar isso".

Nesse sentido, claro, o MCMV expandiu um pouco o sistema de financiamento da casa própria, que antes era exclusividade da classe média e das camadas superiores. Agora, uma parcela de trabalhadores com menor renda ingressaram como consumidores neste mercado. Contudo, o entrave da cidade injusta e desigual se mantém, e o problema estrutural persiste.

Mais ainda, os movimentos sociais são enredados nessa política. Não há dúvida que o movimento não tem culpa se a política pública existente é neoliberal. Nesse cenário, cabe ao movimento pressionar pelos resultados. Mas é importante ter em mente que essa política fracassará, e a elaboração de uma alternativa também depende dos mesmos movimentos. Assim, o maior risco é o de que os movimentos percam seu sentido histórico ao validarem e celebrarem a cidade neoliberal. Os movimentos devem se defender dessa ameaça preservando uma consciência independente e crítica em relação ao neoliberalismo.

Diante desse cenário da luta por moradia, existe a percepção de insuficiência das companhias mistas (Cohab, Cohapar) e do povo lutando pelo direito a ficar na terra. Como você vê esse debate?

Companhias vão seguir lógica financeira, são sociedades de economia mista, com a métrica de receber dinheiro e fazer mais dinheiro. Há bairros em Curitiba em que a Cohab não faz nada a não ser agenciar documentos de propriedade a valores escorchantes, em busca de lucros exorbitantes. Então se uma companhia de habitação é tão alienada da sua função de política pública, ela vai comprar por x e vender por 4x, e é somente isso que importa. Diferentemente disso é se o município promovesse a construção de casas, e desse modo fomentasse a construção civil. Vejo a importância de fazer crescer um mercado que poderia, inclusive, envolver cooperativas de trabalhadores. Só que enquanto a lógica for financeira, e a equação mostrar que a casa que se constrói não obtém retorno suficiente para o investimento, isso não ocorrerá. São necessários recursos sem perspectiva de retorno, caso contrário os investimentos que ocorrerem para os mais pobres serão intervenções muito pontuais aliadas ao interesse da especulação imobiliária, ou seja, como parte da atividade de liberar parte de terras para empreendimentos. As Cohabs poderiam aplicar os recursos próprios da prefeitura para uma verdadeira política habitacional, mas como estão voltadas demais aos resultados financeiros, não fazem esse contraponto. Surpreendentemente, embora pensem apenas em dinheiro, são empresas deficitárias, o que se explica pelo fato de serem lugares especiais para a acomodação de interesses políticos. Assim as Cohabs não têm sido úteis nem para uma coisa, nem para outra. Nem produzem habitação popular, nem produzem resultados financeiros.

Alisson Poças, da campanha Despejo Zero em Londrina: "Temos cerca de 40 mil imóveis abandonados"

Um dos coordenadores da campanha Despejo Zero em Londrina, Alisson Poças é assistente social, comunicador popular e coordenador do Centro de Direitos Humanos de Londrina. A segunda maior cidade do Paraná tem sido um polo da campanha Despejo Zero, a partir da mobilização de 8 áreas de ocupação recentes, que resistem contra despejos e se organizam pelo desenvolvimento das comunidades.

Em entrevista, o coordenador aponta os problemas da desigualdade social expressa no urbanismo da cidade polo, que apresenta grande número de imóveis vazios, a ausência de políticas públicas municipais e a preocupação com áreas como a Flores do Campo, que está em risco de reintegração de posse.

Pedro Carrano. *Como vocês avaliam a experiência da campanha Despejo Zero no Paraná e, especificamente, em Londrina? Em que medida tem contribuído para o fortalecimento das comunidades?*

Alisson Poças. Avaliamos positivamente a articulação do Despejo Zero em Londrina. A questão habitacional em nossa cidade é muito imperiosa. Temos 55 mil pessoas/famílias na fila de espera pela moradia na Companhia de Habitação (Cohab). Um levantamento recente demonstra que temos cerca de 40 mil imóveis desocupados, a maioria servindo única e exclusivamente à especulação imobiliária. Com a articulação do Despejo Zero, fundamentalmente, queremos mexer nessa ferida e fazer com que as comunidades assumam o protagonismo na busca de soluções de conflitos fundiários.

De acordo com informação de vocês, mais de 1500 famílias em 8 áreas vivem neste momento risco de despejo. Há alguma situação mais iminente ou alguma área com maior risco?

Em verdade, são quase 18 mil pessoas que vivem em áreas de ocupações urbanas consideradas "irregulares" em Londrina. A situação mais dramática, do meu ponto de vista, é a do "Flores do Campo", em que as famílias ocuparam imóveis inacabados do antigo Programa Minha Casa Minha Vida. Estima-se que 1500 pessoas vivam por lá e pelo menos 60% são migrantes e imigrantes. O terreno foi cedido pela prefeitura de Londrina ao governo federal para a construção das moradias. Com a ocupação dos imóveis ainda inacabados, muitos deles apresentam uma condição muito precária de habitabilidade, além da energia elétrica e água improvisadas e a falta da presença de rede de esgoto. É um problema de difícil solução e que necessita do máximo de atenção dessa sociedade civil organizada. Sempre há um "burburinho" de retirada das famílias do local. Estamos atentos para que sejam respeitados todos os direitos humanos fundamentais dessa população.

Como tem sido a articulação com a sociedade em torno desta pauta da moradia?

Com a campanha Despejo Zero, temos a tarefa de envolver outros atores na pauta da moradia popular. Entendemos a pauta como transversal, pois garante dignidade às famílias e acesso às demais políticas públicas. Para isso, necessitamos envolver outros atores, como os movimentos sociais, as igrejas, os sindicatos, as universidades (sobretudo as públicas) nesse processo de acompanhamento e solidariedade permanente com as famílias dessas ocupações. Estamos em contato com a campanha Despejo Zero em nível estadual e nacional, com a Comissão de Conflitos Fundiários do Tribunal de Justiça do Estado do Paraná e no Conselho Permanente de Direitos Humanos do Estado do Paraná.

E que possibilidades vocês vêm no atual período? De fim da pandemia, alguns programas do governo são retomados, porém segue pressão sobre as famílias por parte dos proprietários e poder público local.

Precisamos entender que o campo da moradia popular foi "terra arrasada" nos desgovernos Temer e Bolsonaro. Entretanto, em nível local, a prefeitura se abstém de investir em habitações populares, focando exclusivamente nos programas do governo federal. O Fundo Municipal de Habitação em Londrina não tem um real sequer. Já o governo estadual privilegia um modelo empresarial, com famílias que detém alguma capacidade de pagamento das parcelas (que não são populares), então fica nítido que não há vontade política em solucionar o problema da moradia popular. Há esperança de que o governo federal retome os programas de moradias subsidiadas, garantindo o acesso de quem não tem renda ou possui o mínimo para sobreviver. Mas, tem o lado da luta popular também, porque sem pressão governo nenhum vai atender os anseios populares, por isso da importância da Campanha Despejo Zero, unindo campo e cidade na mesma batalha.

Hamilton Serighelli: "Se não fosse a organização e os movimentos na base, o povo teria sido despejado"

Para militante dos direitos humanos, campanha Despejo Zero é o que garantiu comunidades se manterem na posse da terra

6 de maio de 2024

Integrante do Conselho Permanente dos Direitos Humanos do Paraná (Copedh) e do Centro de Direitos Humanos e Memória Popular de Foz do Iguaçu, Hamilton Serighelli, pode-se dizer assim, é um especialista quando o assunto é a mediação de conflitos fundiários.

Chegou a ser assessor especial para Assuntos Fundiários do governo Beto Richa (PSDB), entre 2010 e 2014, atenuando a sensação de insegurança dos movimentos populares em relação a um governo neoliberal.

Serighelli narra que a primeira medida na função foi estabelecer relação com o histórico Don Ladislau Biernarski,da Diocese de São José dos Pinhais, presidente da Comissão Pastoral da Terra (CPT) à época, que professava uma teologia junto ao povo e atuou com os movimentos do campo. "Trabalho com reforma agrária desde o governo José Richa", afirma à reportagem.

Hoje, atuando em Foz do Iguaçu, Serighelli fala sobre os desafios da organização contra despejos e do papel da atual Comissão de Conflitos Fundiários do Tribunal de Justiça do Paraná. "A campanha Despejo Zero foi fundamental para manter a resistência e a luta do povo que está lutando por moradia, por reforma agrária", declara.

Pedro Carrano. *Quais são as principais lutas hoje por moradia e contra despejos forçados em Foz do Iguaçu?*

Hamilton Serighelli. Pedro, aqui em Foz do Iguaçu tem várias ocupações. Muito problema de documentação nas áreas aqui. Então, é uma questão de moradia. Mas as grandes são a do Bubas, que tem que ser resolvida ainda. A questão agora do Bosque (área anexa ao Bubas, com 150 famílias), achar uma área. Tem uma área que é o antigo lixão do Arroio Dourado, que tem uma reintegração de posse, mas isso já faz dez anos e não foi cumprida. E tem uma área na Gleba Guarani que também tem reintegração de posse. Então, aqui tem várias áreas, mas, por enquanto, vamos dizer assim, não é que esteja controlado, mas estamos tentando encontrar uma saída para que a prefeitura e Itaipu ajudem a resolver essa situação.

Como são as articulações das lutas urbanas na cidade?

Não há aqui um movimento de moradia forte. O que tem de articulação aqui são as associações de moradores e as lideranças de bairro que estão fazendo essa grande articulação para poder resolver essa situação e tentar fazer uma negociação. E nós aqui do Centro de Direitos Humanos, aqui do Conselho Estadual dos Direitos Humanos, temos ajudado nesse processo para poder não ter muito enfrentamento e tentar encontrar soluções no diálogo.

Como você enxerga o papel que a campanha Despejo Zero cumpre no Paraná?

Acho fundamental a organização da população para que o povo se defenda nesse processo. Nós estamos enfrentando governos, por exemplo, governo estadual, aí os governos municipais, que não estão muito preocupados com a situação de violência em cima das famílias. Agora, com o governo do Lula diminuiu um pouco a pressão, mas se não fosse a organização e os movimentos na base funcionando muito, o povo teria sido despejado. Então, a campanha Despejo Zero foi fundamental para manter a resistência e a luta do povo que está lutando por moradia, por reforma agrária. E aqui no Oeste também do Paraná tem a questão indígena, que é uma questão também muito difícil, que são os indígenas que foram retirados pelo Estado brasileiro, de 1948 a 1982, que precisam e estão lutando por território. Então, isso é muito importante que se resolva aqui na região Oeste, porque aqui tem 23 aldeias e 20 delas precisam ser demarcadas ainda.

Você vem de uma experiência de mediação em governos anteriores, de Beto Richa (PSDB). Percebe-se que a mediação avançou por meio da Comissão de Soluções fundiárias. Como você analisa este desenvolvimento na negociação e na abertura do Estado para isso?

E sobre a experiência de mediação, antes do governo do Beto, eu acredito no seguinte, conseguimos, quando entramos em 2011 a 2018, segurar várias reintegrações no estado. Vinha de um governo com 260 reintegrações (Roberto Requião, 2002 a 2010). E nós demos uma segurada, uma conversada, consegui, não me lembro do número exato, mas não chegou a 50 despejos, e a maioria dessas situações sendo resolvidas pacificamente, quando tiveram que ser desocupadas as áreas. Então isso é muito importante, uma ou duas que fugiram do controle disso. E daí virou, até deu mortes como a questão de Quedas do Iguaçu (assassinato de dois sem-terra e o ferimento de outros, na ocupação Dom Tomás Balduíno, do MST). Então, todo esse processo tem que ser feito e hoje o desembargador Fernando Prazeres está conseguindo consolidar muitos desses acordos que nós fizemos. Hoje ele conseguiu aprimorar muito aqueles acordos que estavam lá atrás. Então, o papel da Comissão de Mediação de Soluções de Conflitos Fundiários, do Tribunal de Justiça, é fundamental para manter a paz no campo. Isso que conseguiu dar uma segurança e um ajuste nesse processo.

“A pandemia foi uma possibilidade da gente se enxergar enquanto classe”, diz dirigente do MST

Liderança aponta importância de reconstruir os vínculos com o território e a coletividade

11 de março de 2024

Foto: Joka Madruga

Uma das principais dirigentes do Movimento dos Trabalhadores e Trabalhadoras Rurais Sem Terra (MST), Adriana Oliveira ajudou a conduzir o coletivo Marmitas da Terra, que se destacou durante a pandemia por ações de solidariedade em Curitiba e região, a partir de doação de alimentos.

Também trabalhou ampliando as ações para parcerias com movimentos populares, apoio em Saúde e Educação, em áreas de ocupação urbanas. Do aprendizado neste período, Oliveira destaca a capacidade de perceber a dinâmica de vida da mulher trabalhadora urbana.

O MST participou, nesta semana do Dia Internacional da Mulher, tanto do ato das mulheres das ocupações, no dia 7, como no ato geral de hoje, dia 8, organizado pela Frente Feminista. Os desafios, para a dirigente, são vários, na construção do feminismo popular, da aliança campo e cidade, e dos desafios organizativos da campanha Despejo Zero e das áreas urbanas. Complexos, assim como são simples e possíveis: "Então, a pandemia foi de fato uma possibilidade de a gente se enxergar enquanto classe, enquanto necessidade, enquanto projeto comum", diz.

Pedro Carrano. *A partir da campanha de solidariedade na pandemia, os trabalhos do movimento e a campanha Despejo Zero mostram um aprendizado no Paraná das forças populares de se preocuparem primeiro em garantir condição para mulheres que já são lideranças reais em suas comunidades, mas que têm uma condição de trabalho e de vida muito instável. Como você vê isso?*

Adriana Oliveira. É muito trabalho. Na medida em que uma mulher está ali, 24 horas pensando como vai viver, não tem condição de ver a exploração que está ao seu redor. A gente fala do ócio produtivo. O ócio é você também olhar para aquela condição que você vive e refletir sobre ela. No campo também. E no campo qual é a nossa pauta que é muito forte? Na medida que a gente fazia aqueles lotes, sem vizinho perto, tudo distante, as mulheres não tinham um coletivo para dialogar. Acaba que os problemas são seus. E você vai se fragilizando mesmo e vai achar que aquela condição é natural. Mas, por outro lado, as mulheres do campo têm uma coisa que é o tempo da natureza. Que o agronegócio também tira isso ao acelerar, usar veneno para acelerar o ciclo. Acelerar a galinha a tomar hormônios... Mas, ao mesmo tempo, você vê que as coisas têm um tempo, têm um tempo de você plantar o arroz, de você plantar o feijão. Mesmo acelerado ainda, você consegue refletir sobre esse ciclo da natureza e o ciclo da condição como ser humano, desse cuidado. Eu acho que a gente tem perdido isso, sabe? E daí você não consegue refletir sobre a condição, mesmo quando coletiva, daquele território em que você está inserido.

Foto: Jade Azevedo

O desacelerar te dá a possibilidade de ouvir uma música, de fazer um lazer, de fazer um esporte, de conversar com a tua vizinha, que às vezes está na mesma condição tua, de achar saídas coletivas. Então, talvez nas ocupações urbanas o nosso maior desafio é que a mulher se permita vivenciar o momento do ócio sem que se penalize.

No Paraná, em especial, e nacionalmente, teve muita força o processo de solidariedade na pandemia. Que aprendizados desse processo para esse trabalho urbano que o MST já tinha como ponte, como articulação, mas que a pandemia forçou a ser algo mais orgânico, mais territorial?

O primeiro trabalho que a gente começa mais intenso foi nas capitais. E tendo o horizonte que os restaurantes fecharam, tudo fechou. Tinha uma população em situação de rua e a gente começa a trabalhar com a população entregando alimentos, marmitas. Nas periferias, a gente começa essa iniciativa de entregar sacolas. Essa cesta com os produtos e, como a nossa militância, a maioria estava nos territórios, estava no campo, e sem muito contato com o vírus, continuou plantando. Continuou fazendo o trabalho normal. E até intensificou a produção. Porque parou de viajar, fazer atividades fora, então foi intensificando. A gente fazia o trabalho de base aqui em Curitiba e entregava os alimentos. Fazia essas ações de solidariedade. Daí, quando a gente olha para a população em situação de rua mesmo, começa a entregar alimentos, começa a ter mais contato com eles, a gente percebe que é um processo de tamanha exclusão, por drogas, por problemas com as famílias, por 'n' problemas assim, sabe?

Tem vários problemas que daí a gente precisaria ter mais preparo para falar. Mas a gente olhou e viu que ali era apenas ações de solidariedade. Não que não seja importante. Mas a gente olhava assim, qual é o nosso papel? Matar a fome. Um caso ou outro a gente conseguiu dar outras perspectivas, mas no geral é um processo tão de desumanização enraizada que requer um outro trabalho, mais intenso. E, para esse trabalho, a gente pensou que o poder público teria que vir com muito mais força.

Por outro lado, a gente olhou para uma outra população que estava na periferia, que tinha várias necessidades de pautas diversas, desde violência doméstica, a falta de trabalho, a infraestrutura, problema de creche, ao problema de saúde. Nesse momento, a gente falou: a gente precisaria pensar o trabalho de base.

Então, a gente continua fazendo as duas coisas. O imediato que é matar fome. E o outro lado? Então, a gente inicia com os Agentes Populares de Saúde — era no auge da pandemia — ensinar a lavar as mãos, como usar máscara ou depois de tantas horas a máscara já não têm efeito. Cuidados bem básicos de saúde.

A pandemia foi muito pesada. As crianças ficaram praticamente três anos sem ir para a escola. Então, entrou um pouco com o reforço escolar, com acompanhamento escolar. Tinha alimentação, tinha saúde, tinha reforço escolar. A partir dali a gente começou a ver que ainda tem um bom caminho a percorrer. E é um construir mesmo. De construir coletivos que possam ser protagonistas. De conhecer o território. De se unir em lutas estruturais daquele território.

Me parece que o MST já tinha uma certa referência. Pessoas nos territórios muitas vezes já conheciam a caminhada do MST, daí vocês ainda trazem algo muito concreto que é o alimento. A gente está falando de 2020, daí a partir de então, na crise da pandemia e do governo Bolsonaro. E nisso, vocês e a esquerda como um todo vão tentando retomar uma confiança política nesses territórios.

Eu acho que a gente entrou com duas coisas, uma era o alimento que estava gritante naquele momento com o governo, ou desgoverno Bolsonaro, que a gente não via nenhuma esperança. Então, o alimento também foi essa possibilidade de esperança.

A segunda, olhando para essa perspectiva das lutas unitárias do campo e da cidade. Por exemplo, a gente planta, "ó, vocês precisam do alimento". Pela primeira vez, para quem estava nas periferias e recebia o alimento, a reforma agrária fez sentido. Ah, vocês estão falando que vocês querem terra para plantar? E essa terra é pra isso, para vocês entregarem alimento.

A gente conseguiu abrir um leque assim de prosa no sentido de que não é qualquer alimento. A gente está falando que esse alimento que a gente está oferecendo é agroecológico. Daí tinha essa abertura de saber o que é agroecologia, que depois se desdobrou nos mutirões de ir para o assentamento.

A outra coisa era até nos enxergar: a gente faz luta por terra. Aqui, a luta é por moradia. Mas as duas coisas se encontram, sabe?

E acho que a pandemia fez a gente reafirmar esse papel enquanto classe, mesmo, de lutas comuns, de possibilidade de a gente se juntar. Eu acho que o Despejo Zero é a prova disso. Então, o MST tinha de fato uma experiência na luta, da organicidade e essa experiência a gente conseguiu trocar. E, por outro lado, a gente olhava para as periferias e via problemas que, de certa forma não era problema no nosso território. Mas tinha uma unidade das necessidades, sabe?

Foto: Jade Azevedo

Quando a gente falava em partilhar alimento para a nossa base, era um negócio assim: "Ah na cidade tem gente passando fome". Não precisávamos explicar isso, porque nosso povo hoje está na terra, mas também já tinha passado isso. Então, a pandemia foi de fato uma possibilidade de a gente se enxergar enquanto classe, enquanto necessidade, enquanto projeto comum ir para a cidade também.

O MST, nem que pese a dificuldade da esquerda brasileira, é fato que conseguiu formar quadros nesses 40 anos, na base, quadros militantes, quadros dirigentes, uma estrutura que nas cidades a gente não tem, às vezes sequer nas organizações constituídas. A dificuldade de trazer as pessoas para essa cultura organizativa, como vocês avaliam isso?

É porque é um pouco diferente a luta do campo com a luta da cidade. Por exemplo, a gente luta por território e o nosso povo defende território. Por exemplo, quando eu vou para um acampamento e depois eu quero que aquele lugar vire um assentamento. Eu estou dizendo que naquele lugar eu quero que tenha escola, quero ter trabalho, quero que meus filhos estudem ali. Então, não é algo que eu quero sair dali. Algo que eu quero me constituir enquanto coletivo ali.

Uma ocupação urbana, às vezes dá impressão que eu estou aqui, mas eu não crio laços, não é? Porque a qualquer momento eu posso sair daqui. Então, eu acho que, talvez, o nosso maior desafio é como que a gente unifica o território. Como algo de poder popular, como algo de moradia, de trabalho

Faz total a diferença quando você cria vínculos ali, quando você vai fazendo o coletivos capazes de ter resistência com trabalho e renda, por exemplo. Uma pessoa que mora no Tatuquara e trabalha em Colombo, Tatuquara vai ser só para dormir. Então, quando chega lá, não tem condição de dialogar com os vizinhos, de saber o que está acontecendo ali. Mas na medida que seus filhos estudam ali perto, na comunidade que você também precisa do transporte ali, que os seus filhos no contraturno se alimentam da cozinha comunitária, você vai criando vínculo.

E talvez isso é uma coisa que o capitalismo tirou nós, do vínculo do território. Porque sabe que isso é poderoso: o vínculo afetivo com o território, de querer ficar ali, de querer construir, de gostar de morar ali. As ocupações urbanas não é à toa que sofrem de tempo em tempo essa ameaça de despejo. Porque, quando você vai enraizando um processo, também o poder local se toca. Enraizar processo também é enraizar poder das famílias que estão ali.

pólen bold 90 gr/m2
tipologia calisto mt
impresso no inverno de 2025